京华神韵

历史文化名城

主编／段柄仁

北京古代建筑

宋卫忠／编著

北京出版集团公司
北京出版社

图书在版编目（CIP）数据

北京古代建筑 / 宋卫忠编著. — 北京：北京出版社，2018.12
（京华通览 / 段柄仁主编）
ISBN 978-7-200-13873-3

Ⅰ. ①北… Ⅱ. ①宋… Ⅲ. ①古建筑—介绍—北京 Ⅳ. ①K928.71

中国版本图书馆CIP数据核字（2018）第017236号

出 版 人	曲　仲
策　　划	安　东　于　虹
项目统筹	董拯民　孙　菁
责任编辑	董拯民　赵赟普
封面设计	田　晗
版式设计	云伊若水
责任印制	燕雨萌

"京华通览"丛书在出版过程中，使用了部分出版物及网站的图片资料，在此谨向有关资料的提供者致以衷心的感谢。因部分图片的作者难以联系，敬请本丛书所用图片的版权所有者与北京出版集团公司联系。

京华通览
北京古代建筑
BEIJING GUDAI JIANZHU
宋卫忠　编著
*
北 京 出 版 集 团 公 司
北 京 出 版 社　　　　出版

（北京北三环中路6号）
邮政编码：100120
网　址：www.bph.com.cn
北京出版集团公司总发行
新 华 书 店 经 销
天津画中画印刷有限公司印刷
*
880毫米×1230毫米　32开本　8.375印张　173千字
2018年12月第1版　2022年11月第3次印刷
ISBN 978-7-200-13873-3
定价：45.00元

如有印装质量问题，由本社负责调换
质量监督电话：010-58572393

《京华通览》编纂委员会

主　任　段柄仁
副主任　陈　玲　曲　仲
成　员　(按姓氏笔画排序)
　　　　于　虹　王来水　安　东　运子微
　　　　杨良志　张恒彬　周　浩　侯宏兴
主　编　段柄仁
副主编　谭烈飞

《京华通览》编辑部

主　任　安　东
副主任　于　虹　董拯民
成　员　(按姓氏笔画排序)
　　　　王　岩　白　珍　孙　菁　李更鑫
　　　　潘惠楼

序

PREFACE

擦亮北京"金名片"

段柄仁

北京是中华民族的一张"金名片"。"金"在何处？可以用四句话描述：历史悠久、山河壮美、文化璀璨、地位独特。

展开一点说，这个区域在70万年前就有远古人类生存聚集，是一处人类发祥之地。据考古发掘，在房山区周口店一带，出土远古居民的头盖骨，被定名为"北京人"。这个区域也是人类都市文明发育较早，影响广泛深远之地。据历史记载，早在3000年前，就形成了燕、蓟两个方国之都，之后又多次作为诸侯国都、割据势力之都；元代作为全国政治中心，修筑了雄伟壮丽、举世瞩目的元大都；明代以此为基础进行了改造重建，形成了今天北京城的大格局；清代仍以此为首都。北京作为大都会，其文明引领全国，影响世界，被国外专家称为"世界奇观""在地球表面上，人类最伟大的个体工程"。

北京人文的久远历史，生生不息的发展，与其山河壮美、宜生宜长的自然环境紧密相连。她坐落在华北大平原北缘，"左环沧海，右拥太行，南襟河济，北枕居庸""龙蟠虎踞，形势雄伟，南控江淮，北连朔漠"。是我国三大地理单元——华北大平原、东北大平原、内蒙古高原的交会之处，是南北通衢的纽带，东西连接的龙头，东北亚环渤海地区的中心。这块得天独厚的地域，不仅极具区位优势，而且环境宜人，气候温和，四季分明。在高山峻岭之下，有广阔的丘陵、缓坡和平川沃土，永定河、潮白河、拒马河、温榆河和蓟运河五大水系纵横交错，如血脉遍布大地，使其顺理成章地成为人类祖居、中华帝都、中华人民共和国首都。

这块风水宝地和久远的人文历史，催生并积聚了令人垂羡的灿烂文化。文物古迹星罗棋布，不少是人类文明的顶尖之作，已有1000余项被确定为文物保护单位。周口店遗址、明清皇宫、八达岭长城、天坛、颐和园、明清帝王陵和大运河被列入世界文化遗产名录，60余项被列为全国重点文物保护单位，220余项被列为市级文物保护单位，40片历史文化街区，加上环绕城市核心区的大运河文化带、长城文化带、西山永定河文化带和诸多的历史建筑、名镇名村、非物质文化遗产，以及数万种留存至今的历史典籍、志鉴档册、文物文化资料，《红楼梦》、"京剧"等文学艺术明珠，早已成为传承历史文明、启迪人们智慧、滋养人们心灵的瑰宝。

中华人民共和国成立后，北京发生了深刻的变化。作为国家首都的独特地位，使这座古老的城市，成为全国现代化建设的领头雁。新的《北京城市总体规划（2016年—2035年）》的制定和中共中央、国务院的批复，确定了北京是全国政治中心、文化中心、国际交往中心、科技创新中心的性质和建设国际一流的和谐宜居之都的目标，大大增加了这张"金名片"的含金量。

伴随国际局势的深刻变化，世界经济重心已逐步向亚太地区转移，而亚太地区发展最快的是东北亚的环渤海地区、这块地区的京津冀地区，而北京正是这个地区的核心，建设以北京为核心的世界级城市群，已被列入实现"两个一百年"奋斗目标、中国梦的国家战略。这就又把北京推向了中国特色社会主义新时代谱写现代化新征程壮丽篇章的引领示范地位，也预示了这块热土必将更加辉煌的前景。

北京这张"金名片"，如何精心保护，细心擦拭，全面展示其风貌，尽力挖掘其能量，使之永续发展，永放光彩并更加明亮？这是摆在北京人面前的一项历史性使命，一项应自觉承担且不可替代的职责，需要做整体性、多方面的努力。但保护、擦拭、展示、挖掘的前提是对它的全面认识，只有认识，才会珍惜，才能热爱，才可能尽心尽力、尽职尽责，创造性完成这项释能放光的事业。而解决认识问题，必须做大量的基础文化建设和知识普及工作。近些年北京市有关部门在这方面做了大量工作，先后出版了《北京通史》（10卷本）、《北京百科全书》（20卷本），各类志书近900种，以及多种年鉴、专著和资料汇编，等等，为擦亮北京这张"金名片"做了可贵的基础性贡献。但是这些著述，大多是服务于专业单位、党政领导部门和教学科研人员。如何使其承载的知识进一步普及化、大众化，出版面向更大范围的群众的读物，是当前急需弥补的弱项。为此我们启动了"京华通览"系列丛书的编写，采取简约、通俗、方便阅读的方法，从有关北京历史文化的大量书籍资料中，特别是卷帙浩繁的地方志书中，精选当前广大群众需要的知识，尽可能满足北京人以及关注北京的国内外朋友进一步了解北京的历史与现状、性质与功能、特点与亮点的需求，以达到"知北京、爱北京，合力共建美好北京"的目的。

这套丛书的内容紧紧围绕北京是全国的政治、文化、国际交往和科技创新四个中心，涵盖北京的自然环境、经济、政治、文化、社会等各方面的知识，但重点是北京的深厚灿烂的文化。突出安排了"历史文化名城""西山永定河文化带""大运河文化带""长城文化带"四个系列内容。资料大部分是取自新编北京志并进行压缩、修订、补充、改编。也有从已出版的北京历史文化读物中优选改编和针对一些重要内容弥补缺失而专门组织的创作。作品的作者大多是在北京志书编纂中捉刀实干的骨干人物和在北京史志领域著述颇丰的知名专家。尹钧科、谭烈飞、吴文涛、张宝章、郗志群、姚安、马建农、王之鸿等，都有作品奉献。从这个意义上说，这套丛书中，不少作品也可称"大家小书"。

总之，擦亮北京"金名片"，就是使蕴藏于文明古都丰富多彩的优秀历史文化活起来，使充满时代精神和首都特色的社会主义创新文化强起来，进一步展现其真善美，释放其精气神，提高其含金量。

2017 年 11 月

目录

CONTENTS

绪　言 / 1

辽代以前的北京建筑

先秦时期 / 10
史前时期 / 10
蓟城与燕北长城 / 12

秦汉至北朝时期 / 15
秦汉时期 / 15
十六国北朝时期 / 18

隋唐五代时期 / 20

主要建筑遗存 / 24
北埝头文化遗址 / 24
琉璃河遗址 / 26

　　　　　　　　　　西汉王侯墓葬 / 30

　　　　　　　　　　潭柘寺 / 33

　　　　　　　　　　北齐长城 / 37

　　　　　　　　　　悯忠寺 / 40

　　　　　　　　　　白云观 / 43

辽金时期的北京建筑　　辽代南京城 / 49

　　　　　　　　　　城市建设 / 49

　　　　　　　　　　佛教建筑 / 56

　　　　　　　　　金中都 / 59

　　　　　　　　　　金中都的营建 / 60

　　　　　　　　　　金中都城垣与规划 / 62

　　　　　　　　　　礼制与宗教建筑 / 66

　　　　　　　　　辽金时期建筑遗存 / 69

　　　　　　　　　　天宁寺塔 / 69

　　　　　　　　　　大觉寺 / 71

　　　　　　　　　　牛街礼拜寺 / 74

　　　　　　　　　　金中都城垣遗址 / 77

　　　　　　　　　　银山塔林 / 80

　　　　　　　　　　卢沟桥 / 83

元代北京建筑　　　元大都的营建 / 88

　　　　　　　　　　忽必烈定都大都 / 88

元大都的营建 / 91

元大都的城垣与城门 / 94

　　大城城垣 / 94

　　大城城门 / 99

　　大都皇城建筑 / 101

元大都的宫城与宫殿建筑 / 105

　　宫城 / 105

　　宫殿建筑 / 108

元代建筑遗存 / 111

　　万宁桥 / 111

　　妙应寺白塔 / 114

　　孔庙与国子监 / 118

　　东岳庙 / 123

　　居庸关云台 / 127

明清北京建筑

明清北京城的形成 / 132

　　北京城垣与城市格局变迁 / 132

　　清朝的完善补充 / 138

城垣与城门 / 140

　　内城城垣 / 140

　　内城城门与城楼 / 143

　　外城 / 147

　　皇城 / 149

宫城 / 152

长城北京段 / 156

宫殿苑囿 / 159

宫殿 / 159

宫苑 / 165

坛庙陵墓 / 177

皇家坛庙 / 177

陵寝墓葬 / 193

王公府邸 / 201

王府与公主府邸 / 201

大臣府第 / 209

寺庙观堂 / 212

佛教寺庙 / 212

道观 / 220

清真寺 / 225

基督教教堂 / 228

民居会馆 / 234

胡同与四合院 / 235

会馆 / 242

参考文献 / 248

后　记 / 253

绪 言

　　北京地区的历史发展，经历了一个悠久漫长的过程。它的演变和中华民族的形成与发展同步。从远古时期开始，这里便留下了线索连贯、脉络清晰、内容系统而又比较完整的史迹。北京历来是各民族的聚居之所，各民族都为北京的发展做出了巨大贡献。北京又有近千年的建都史，全国政治中心的地位也使北京成为全国乃至全世界人文荟萃之地。

　　北京在各个历史时期都留下了宝贵的文化遗存和文物建筑，其数量之多、品位之高，在全国乃至世界均属罕见。长城、明清故宫、周口店北京人遗址、天坛、大运河、颐和园和明清皇家陵寝等7项世界文化遗产，128项全国重点文物保护单位，357项北京市文物保护单位，其中绝大多数是以建筑形态出现，或者与古代建筑关系密切。

　　北京历史文化发展，对北京古代建筑文化的发育与形成产生了十分重大的影响，也赋予了她鲜明的特点。这些特点主要体现在以下几个方面。

历史悠久，连绵不绝

北京的建筑文化历史久远，有史可考的建筑可上溯至史前时期。距今约一万年前的新石器时代早期，北京的东胡林人已经离开了过去长期生活的丘陵、山地的山洞，来到平原，开始了定居的农业生活。东胡林人的生产生活，拉开了北京地区古代建筑文化的序幕。此后，平谷的北埝头文化、昌平雪山村文化一期等，均说明先民的建筑活动不断增加，水平不断提高，形成了早期聚落。

春秋时燕国的各种建筑，在史书上更是不乏记录。像燕昭王筑黄金台广招贤士已成为千古佳话，"金台夕照"更成为燕京八景之一。燕北长城，虽然不复往日雄姿，但依然可以再现战国时期绵延的纷争与战事。深埋地下的大葆台汉墓、老山汉墓，依然可以让人联想起秦汉的政治文化变迁。"先有潭柘寺，后有北京城"，书写着北京在魏晋十六国时期佛寺的兴盛。隋炀帝兴修永济渠、静琬云居寺刻经、唐太宗敕建悯忠寺，述说着隋唐时期幽州北方重镇与多民族中心城市的历史。天宁寺塔钟声悠扬、卢沟桥晓月流水，是辽金的北方政治文化中心传流至今的回响。妙应寺巍峨的白塔、京城西北郊延绵的土城，尽显漠北蒙古族的非凡气度。明清各种辉煌的建筑，是北京永远的城市地标。

民族特色鲜明

北京的建筑多以汉族建筑为主，但在这些汉族建筑中，各民族风格的融入使北京的建筑文化具有了明显的民族特征。

北京现存最早的建筑天宁寺塔，始建于辽代，为八角十三层密檐实心塔，基座华丽，台基下为方形上为八角，塔身为仿木结构，另有仿木装饰，塔刹为铁制相轮。这些构造形式，都是到辽代才出现的，被梁思成、林徽因两位先生作为一种典型，命名为"天宁式"。天宁寺塔的出现显然是汉族文化和契丹族文化相融合的结果。东向的大觉寺，是契丹人朝日拜鬼风俗的绝佳注释。依山傍水的大宁宫、西山的香水八院，是游牧民族生活喜好与习俗的寄托。

蒙古族创立元朝定都北京后，在元大都的宫苑布局、建筑装饰上都加入了蒙古族风格。"至元十一年，始大城京师于大兴故城之北。中为天子之宫。宫城周回九里三十步，东西四百八十步，南北六百十五步，崇三十有五尺……东南角楼东迤北，有生料库，库东为柴厂，夹垣东北隅有羊圈，西南角楼南红门外，留守司在焉。至冬月，大殿则黄猫皮壁幛，黑貂褥。大明殿后为连柱廊十二楹，四周金红琐窗，连建后宫，广三十步，深入半之；后有寝宫，俗呼为挛头殿，东西相向，至冬，则自殿外一周皆笼护皮帐，夏则黄油绢幕，内寝屏障，重覆帷幄，而后裹以银鼠；席地其皆编细簟，上加深红厚毡，后露茸单。"（《杨襄敏碑》）元大都的宫苑虽是建在城市之中，却还保留了蒙古包的特征。

清军入关时的北京，已历经了明朝的大规模建设，北京城的基本格局已经形成。满族人利用了明朝的建筑又进行了一定的改造，以满足本民族的需要。故宫的坤宁宫"昔在朱明，为皇后正宫；满制凡祭必于正寝，故中三间改为祭天跳神之所。东有长桌一，以宰牲；后有钜锅三，以煮祭肉；西有布偶人及画像，盖其所祭之神。壁上悬布袋，俗名子孙袋，内储幼年男女更换之旧锁。此外铜铃、拍板、布幔等物，均祭时女巫歌舞所用，尚存满洲旧俗……宫外有神竿，俗名祖宗竿子，满俗于祭天时选所宰牲之骨肉于竿上，于竿下跳神"。（朱偰：《北京宫阙图说》）最具中原王朝儒家文化特色的故宫，也加入了满族的民族特色。

各地方优秀建筑文化的集中体现

北京在辽代以后，成为中国北方乃至全国的政治文化中心。来自全国各地的文人雅士、能工巧匠，将各地的建筑文化带到了北京，使北京成为各地优秀建筑文化的荟萃之地。

政治中心的地位，使北京能够从各地得到大量的人员与技术，甚至是外地的建筑本身。金代修建中都城，不仅设计上模仿东京汴梁，各种建筑材料构件也从当地破拆而来。北海琼华岛（元代称万岁山）的修建过程，山上的奇石多为宋之艮岳，从宋境运至北京，装点园林，成为北京的又一景致。

清代的"三山五园"也是各具千秋，集地方优秀建筑文化之大成。

"春湖落日水拖蓝，天影楼台上下涵。十里青山行画里，双飞白鸟似江南。思归忽动扁舟兴，顾影深怀短绶惭。不尽平生淹恋意，绿荫深处更停骖。"（文徵明《西湖》即颐和园昆明湖）这首诗初见之时都会以为是在描写江南某处的怡人景色，实际上它描述的正是颐和园昆明湖的美景。清漪园在湖上仿苏堤修建了西堤、东堤，仿杭州景观。南湖望瞻楼仿黄鹤楼，长岛小西泠仿扬州瘦西湖四桥烟雨之景，苏州街则把江南的买卖场景搬到了北方……人们在清漪园中就可以欣赏到各地美景，体验"坐地日行八万里"的乐趣。

谐趣园是清漪园中比较有代表性的一处园中之园。谐趣园原名惠山园，就是仿无锡惠山寄畅园而建。"江南诸名墅，惟惠山秦园最古。我皇祖赐题曰寄畅。辛未春南巡，喜其幽致，携图以归，肖其意于万寿山之东麓，名曰惠山园。一亭一径，足谐奇趣。""背山得盛地，面水构间堂。阶俯兰苕秀，檐翻绮縠光。""曲径迤东，疏轩面势。"这是乾隆皇帝为这惠山园题的八景诗的一部分，也正因为这八景诗，惠山园后改名为谐趣园。园中美景自不用说，只有一点是和无锡惠山园有所不同的，就是园林亦考虑到了北方的特点，将黑瓦白墙改成了传统的红墙绿瓦。

中外优秀建筑文化的结晶

北京城中不仅仅有中国风格的建筑，还有许多西式风格的建筑。在北京，许多古老的建筑都是带有外来文化特色的。北京有的建筑甚至是有外国人参与设计的。

　　元代大都是中外设计师、建筑师合作的产物，也黑迭儿、阿尼哥等史上留名。宫殿的畏吾儿殿、棕毛殿、水晶殿，充满了异域色彩，将中亚的建筑文化引入到京城之中。直到今天仍巍然屹立的妙应寺白塔，是尼泊尔工匠阿尼哥参与修建的杰作。阿尼哥为尼泊尔人，17 岁时即自荐为领队，带领 80 名尼泊尔工匠随八思巴赴西藏修佛塔，后因其才能受八思巴赏识，带入大都，推荐给元帝。阿尼哥进京后，得到元世祖的信任，留官中国，充分发挥他工艺上和建筑上的天才。至元十六年（1279 年），一座尼泊尔式的佛塔建成。尼泊尔的佛塔一般为五层，最下一层方形是基础，表示"地"，第二层圆形表示"水"，第三层三角形表示"火"，第四层伞形表示"气"，最上一层螺旋形塔顶表示"生命的精华"。这种佛塔的形制是尼泊尔所特有的，自始与中原其他佛塔大相径庭，不少文献均加以记录。《日下旧闻考》有"凡塔下丰上锐，层层笋拔也。白塔独否，其足则锐，其肩则丰，如胆之倒垂然。肩以上长项矗空，节节而起，顶覆铜盘，盘上又一小铜塔，塔通体皆白"。《长安客话》赞扬其"角垂玉杵，阶布石栏。檐挂华鬘，身络珠网。珍铎迎风而韵响，金顶向日而光辉。亭亭岌岌，遥映紫宫。制度之巧，盖古今所罕有矣"。

　　自明朝开始，许多传教士涌入中国传教布道，教堂也就出现在北京街头。教堂是最能体现中外文化的冲突融合的。在北京较有名的教堂就当属南堂了。《檐曝杂记》记录有"搆于西洋利玛窦。康熙五十二年重修，利玛窦自欧罗巴航海九万里入中国，崇奉天主。所画天主乃一小儿，妇人抱之，曰天母。其手臂、耳、鼻皆隆起，俨然如生人……所制有简平仪、龙尾车、沙漏、远镜、候钟、天琴之属"，"堂之为屋圆而穹，如城门洞，而明爽异常。所供天主如美少年，名耶稣，彼中圣人也。像绘于壁而突出，如离立而不著壁者。堂之旁有观星台，列架以贮千里镜。"坐落在王府井的东堂，则是典型的西方哥特式建筑，但教堂的门口却有一副中国传统的楹联"庇民大德包中外，尚文宏勋冠古今"。另有横批"惠我东方"。中西文化以其独特的方式巧妙地结合在一起。

此外，真觉寺五塔是按印度高僧班迪达所献金刚宝座塔式样修建的，设计上脱胎于印度陀迦耶塔，但在结构上诸如宝座上短檐和斗拱的运用，宝座顶上仿木琉璃罩亭的设置等，又体现了中国古代建筑的传统风格。牛街礼拜寺由阿拉伯筛海那速鲁丁创建。清真寺的主体建筑都是中国传统的砖木结构，但是在大殿的窗子上，却采取了阿拉伯风格的雕花作装饰。寺中还安葬着宋末元初来寺讲学的波斯人艾哈迈德和布哈拉人阿力。各种外来文化的融入，丰富了北京建筑文化的内容。

以宫廷建筑为核心的封建等级色彩浓厚

在北京城中，各种建筑都打上了封建的烙印。

巍峨的皇宫，集中体现出了这种封建性。利玛窦曾对戒备森严的北京皇宫进行了描述，"北京的皇宫整整被四座大墙所环绕。在白天，除了那些剃了发的僧人外，任何男人都不可以通过第一、二道墙。妇女任何时候都被拒于墙外。第三道墙内只允许皇宫的太监们进入。夜间只有士兵和太监允许停留在外墙之内。神父们获准通过第二道外墙,但不能再往里去"。到了清朝,中央集权空前强化,等级制度更加森严,各种建筑都有定制。对于王公府邸有明确的规定,并用法律的形式加以确定。

  即使是北京最具代表性的民居——四合院,从其建筑特色中,我们也可以看到封建礼教的影子。在四合院里,内外空间的划分可以解释为"内外有别",严谨的空间序列正说明了"尊卑有序",轴线的使用以及对称式的格局则强化了森严的等级关系。甚至在居住地点上也有贵贱之分,家长(一般为男性长者)居于正房,长子居于东厢房,次子居于西厢房,男仆只能住在外院。北京建筑文化中的另一面——等级性,毫无保留地展现出来。

辽代以前的北京建筑

这一时期，北京的发展经历了原始聚落、古方国、诸侯国国都、中原王朝的北方重镇等不同的发展阶段。北京的建筑随着社会历史文化的发展，在政治、经济、民族等多种因素作用下，形成了既与中原建筑形式紧密联系，又独具特点的建筑文化。

先秦时期

北京是人类文明的发祥地,早在距今数十万年以前的旧石器时代,北京地区就已经存在着人类的活动。此后,人类的活动覆盖了整个石器时代的各个阶段,链条完整,内容丰富。

史前时期

在掌握建筑技术之前,北京地区的先民大多是借助天然洞穴来遮蔽风雨、抵御野兽。北京猿人、新洞人、田园洞人、山顶洞人等旧石器时代的文化,均是在周口店龙骨山一带山洞之中发现的。

北京地区的人类建筑活动的起源,可以追溯到距今1万年左右的新石器时代早期。在门头沟斋堂东胡林村发现的距今1万年左右的东胡林文化遗址,反映了人们开始了建筑房屋的活动。据2006年1月27日的《光明日报》报道,2005年北京考古工作者对北京门头沟区东胡林遗址进行第三次发掘,"此次发掘清理了灰坑、火塘、墓葬、房址等遗迹,出土一批重要的文化遗物,并浮现出丰富的动植物遗存,取得了十分重要的成果"。住房遗址的发现,说明了人们离开所寄居的天然洞穴,开始了自己搭建

东胡林人用火遗迹

住宅的活动，从而拉开了北京地区古代建筑文化的大幕。

在距今 7000 年至 6000 年的新石器时代中期遗址中，房屋建筑遗址更是被大量发现。在平谷区大兴庄乡的北埝头遗址，考古工作者发现了 10 座房基。在新石器时代晚期的雪山文化二期也发现了 3 座房址。这些房址大多属于半地穴式建筑，房基呈椭圆形，门开在东南方向，可以充分地接受光照。其中有一处房址在门道、房址中央及穴壁两侧地面均发现柱洞遗迹或柱础石，说明这一时期人们已经能够立柱筑墙，尽量扩大建筑居住空间，改善居住环境。新石器时代晚期的遗址，还在今海淀区白家疃、朝阳区立水桥、通州区三间房、怀柔区汤河口、密云区坑子地、顺义区大北坞和平谷区前吉山等地发现。这些遗址的发现说明，北京先民的活动区域从山地丘陵不断向平原地区靠拢，原始聚落开始产生，其数量与密度都得到了很大的增长。而这些聚落的不断增长，也为建筑文化的发展创造了有利的条件。

蓟城与燕北长城

进入夏商周三代以后，随着经济发展和生产力水平的提高，北京建筑文化的发展得到了很大的提高。夏商时期，北京地区出现了自然生长的奴隶制古方国，如古燕国和古蓟国。西周时期，北京又成为西周诸侯国燕国、蓟国的国都所在地。伴随着社会阶级结构的产生，在这些奴隶制国家当中，城墙建筑开始出现，城市布局已经有了一定的规划。宫殿、市场、贵族居住区和平民居住区等都根据彼此不同的关系，划分为不同的职能区。在生活居住空间，特别是在住宅质量上出现了明显的等级分化现象。各种新的建筑类型如城墙、宫殿等的出现，既反映了北京地区政治形态的变化，也翻开了北京建筑文化新的篇章。

春秋时期，燕国日益强盛，吞并了蓟国，并将蓟城作为都城。蓟城成为燕国国都以后，特别是进入战国时代，其建筑文化得到了进一步的发展。尽管目前尚无相关考古资料佐证，但是从一些文献中，我们仍然能管窥一些蓟城的建筑发展状况。西汉桓宽的《盐铁论》称，"燕之涿、蓟，赵之邯郸……富冠海内，皆为天下名都"。在子之之乱中，蓟城"构难数月，死者数万"。这些材料足以表明，春秋战国时期的蓟城，已经是拥有数万以上人口的繁盛都会了。

蓟城纪念柱

当时的蓟城城内有燕王宫、太子的东宫、国相的官府等宫禁、府邸建筑，还有各种宗教祭祀性质的建筑。乐毅的《报燕惠王书》中有，乐毅率兵伐齐大胜后，齐国的"珠玉财宝车甲珍器尽收入于燕。齐器设于宁台，大吕陈于元英，故鼎反乎历室，蓟丘之植，植于汶篁"。宁台、元英、历室均为燕国的宫殿建筑，属于高台建筑，夯土成台，并在高土台基上构建建筑物。其中，宁台即燕国的郊台，是祭天之所。

蓟城的建筑形制虽然难以考证，但同属燕国都城的燕下都武阳城(今河北易县)仍有大量存在，可以提供比较可靠的参照。"在燕下都武阳城遗址，城址中部有一道隔墙，将城分为东、西二城。宫殿区位于东城的东北部，由隔墙和古河道将它和手工业区

燕下都武阳城遗址

隔开，形成一个宫城之堡。燕下都的宫殿均建筑在高大的夯土台之上，目前城内外已探明的高台有50多个，其中，武阳台宽110米，深140米，残高11米；"老姆台"宽90米，深110米，残高12米。这些历经数千年风雨的高台，依旧保留着巍峨的身姿，让人可以从中感受当初燕下都的雄伟气魄及宫殿建筑的壮丽景象。武阳城作为燕国陪都尚且如此，那么都城蓟城至少也不应逊色太多才是。

为了加强对燕地的防御，战国时期燕国在境内兴修了燕北和燕南两段长城。关于燕北长城，《史记·匈奴列传》有"燕亦筑长城，自造阳至襄平，置上谷、渔阳、右北平、辽西、辽东郡以拒胡"。燕北长城起于造阳，过去学者们多以造阳为今张家口，北京境内没有燕长城。但有学者认为，"造"在古音中同"沮"，"沮阳"即燕国上谷郡郡治"沮阳"（今河北怀来大古城）。燕北长城起于沮阳，经今门头沟、昌平、延庆向西北而去。这一观点被越来越多的北京史学者接受和运用。在今延庆西拨子一带尚有明代以前的长城遗迹，一些专家学者认为其中就有燕北长城的遗址。

燕南长城位于河北省易县境内，沿易水河、拒马河北岸而建，目前尚有断续遗存。

秦汉至北朝时期

秦统一以后，蓟城虽然失去了诸侯国国都的地位，但由于极其重要的地理位置，它的城市地位日益突出。这一时期，蓟城或为统一的中原王朝的北方政治、军事重镇，或为少数民族政权南下的据点。在不断的争夺变化过程中，蓟城的建筑也经历了曲折向上的发展历程。

秦汉时期

秦统一以后，蓟城的城墙以及易水河畔的燕南长城等，均被拆毁。《史记》记载，为了防止各地旧贵族据城叛乱，秦始皇下令"堕坏城郭，决通堤防，夷去险阻"。但是，作为广阳郡治所，蓟城的城垣很快又得到了修复。

西汉时期，蓟城为广阳国（郡）治所，仍因战国蓟城之旧址，未发生改变。西汉王朝实行郡国并行制，班固《汉书》载，"藩国大者跨州兼郡，连城数十，宫室百官同制京师"。燕国虽称不上跨州兼郡，但也是西汉初年在北方的大封国，其王宫室规模也应十分宏大。今天在北京大葆台和老山均有汉代诸侯王墓出土，这些墓葬规模巨大，使用了"黄肠题凑"等王侯的葬制，某种意义上也可以想见当时燕王宫阙殿宇的宏伟壮观。

当时，燕国王宫有属宫、城门、宫城城楼、端门、万载宫、光明殿等建筑。根据《汉书》记载，广阳王刘旦图谋篡位事发，"是时天雨，虹下属宫中饮井水，井水竭。厕中豕群出，坏大官灶。乌鹊斗死。鼠舞殿端门中。殿上户自闭，不可开。天火烧城门。大风坏宫城楼，折拔树木"。"王忧懑，置酒万载宫，会宾客、群臣、妃妾坐饮"。"因迎后姬诸夫人之明光殿"。尽管文中所记灾异等情况的描述未必可信，但其中有关建筑的部分应该是准确可靠的。这些建筑中，以明光殿地位最高，是王宫中的正殿，为举行各种大典以及迎奉皇帝诏书之所，故殿前有称为"端门"的朝门。

东汉时期，由于政府采取"休养生息"政策，加之郭伋、张堪等能臣的治理，蓟城地区的社会经济迅速从战乱中恢复，并迎来了第一个经济发展高潮。有利的社会条件，也带动了建筑业的发展，使之达到了新的发展水平。韩光辉的《从幽燕都会到中华国都——北京城市嬗变》一书中，据出土的东汉明器陶楼考证，建筑"分为上下两层，窗、斗拱、庑殿式屋顶、垂脊、兽面纹圆瓦

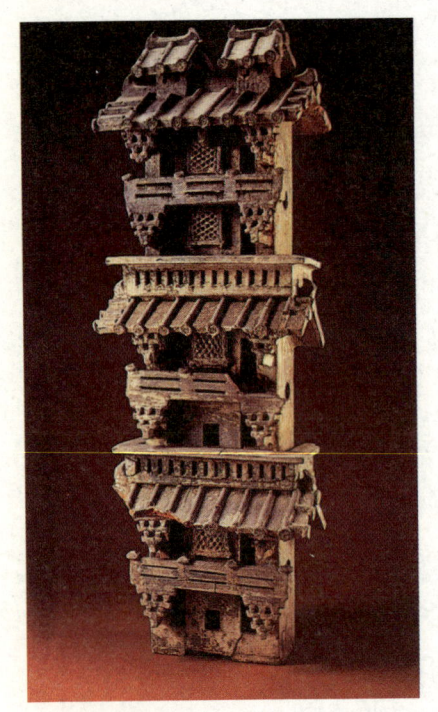

东汉陶楼

当等结构的运用,则有力地反映了东汉官僚、地主住宅的豪华与建筑业的发展。幽州地区东汉墓葬一改西汉土坑墓的时代特点,大量出现多室与复室砖室墓,墓顶多为两层拱券,墓壁砖砌,下又以几何纹花方砖铺地。用砖数量及制作质量不仅与当时厚葬的社会风气有关,而且深刻地反映了东汉幽州蓟城地区制砖业的发展与工艺水平;拱券形墓顶则从一个侧面显示了当时建筑业的高水平"。

东汉以后有关蓟城的城市建筑史料比较散碎,兴筑与破坏掺杂其中。东汉末年,由于灢水(今永定河)改道,冲坏了蓟城东部。重建后的蓟城城址向西移动,此后直到金代,北京城的城址没有发生重大变化,基本上都是在原址扩建和改建。据《后汉书·刘虞传》记载,东汉末年,公孙瓒"筑京于蓟城",即在城中再筑小城,与刘虞分庭抗礼。这座小城,依托蓟城的东城垣而建,只

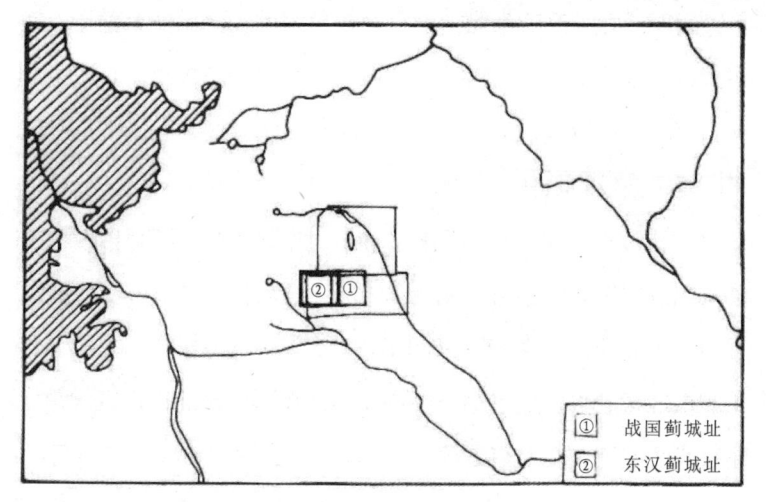

战国、东汉蓟城变迁示意图

有一座向西开向城内街巷的城门。此城在三国曹魏时期成为征北将军的衙署，亦称"征北小城"。

十六国北朝时期

东汉末年至北朝，由于军阀割据，少数民族南下，作为兵家必争之地，蓟城屡次遭受战火，建筑受到很大损坏，成为北京建筑文化发展的低潮时期。

十六国时期，314年，羯族首领石勒在攻占蓟城擒杀西晋刺史王浚后，"焚烧城邑，害万余人"。385年，后秦幽州刺史王永数次为后燕将军平规所败，在逃离蓟城之际，"遣昌黎太守宋敞，焚烧和龙（今辽宁朝阳）、蓟城宫室"。当然，由于蓟城的重要地位，后来的据有者也往往多有兴筑。在石勒焚毁蓟城后，352—357年，蓟城成为前燕的都城。前燕首领慕容儁在蓟城多有营造，铸造铜马，修建王宫碣石宫，使蓟城从石勒的破坏中平复过来。同样，在王永对蓟城破坏后，389年，后燕以长乐公慕容盛镇守蓟城，又恢复了被毁的旧宫。

值得一提的是，这一时期，北京地区的佛教建筑开始产生。佛教东汉时期在中国北方开始流传，西晋时期开始在北京出现。其中，始建于西晋愍帝建兴四年（316年）的潭柘寺，是佛教传入北京地区后修建最早的一座寺庙。北魏时期是北京地区佛教比较兴盛的时期，在北京郊区及城市内均出现不少佛寺，其中不少寺庙规模十分宏大。据《水经注·灅水》记载："灅水又东，径燕王陵南，陵有伏道，西北出蓟城中。景明中，造浮图建刹，穷泉掘得此道，王府所禁，莫有寻者。"修建佛寺，地基及泉，可见主体建筑的高大。北魏在蓟城之中亦有佛寺兴筑，如奉福寺、光林寺、尉使君寺等。奉福寺是北魏时建设最早的寺庙，规模也比其他佛寺更大。《元一统志》称"寺起于后魏孝文之世，为院百有二十区"。目前首都博物馆馆藏原位于海淀车耳营的北魏太和二十三年（499年）石刻造像，是北京境内现存的最古造像。

北朝时期，北魏、北齐等先后在今北京境内修建了长城。

北魏太和石刻造像

隋唐五代时期

隋唐时期，幽州城是显赫一时的军事重镇。它既是军事远征的前进基地，又是封建王朝控制北方少数民族的军事要地。到了唐后期及五代，幽州则成为藩镇割据的中心。

为了对高丽用兵，隋唐两朝将幽州作为军事大本营，均对其有所兴筑。隋炀帝下令开凿了从洛阳到涿州的永济渠，并在幽州筑临朔宫。据《隋书》记载，临朔宫由阎毗主持修建，其建筑宏伟壮丽，内积许多珍宝，有怀荒殿等宫室，常屯兵数万，足见其规模之大。此外，隋炀帝还下令在幽州"文武从官九品以上，并令给宅安置"。此举对城市规模的扩大和城市建筑业的发展，起到了积极推动作用。

唐代，幽州不仅是范阳郡各个属县的中心城市，还是各时期总管府、大总管府、都督府及大都督府的驻节地，城市地位不断上升。此时的幽州已经是唐王朝在东北部的第一大城，其建筑规划建设也获得了很大的发展。据《太平寰宇记》引《郡国志》资料，幽州城"南北九里，东西七里，开十门"，是一座周长约24里（1唐里约合今0.72里），南北略长的长方形城市。其东城垣在今北京西城区烂缦胡同与法源寺之间的南北一线；西城垣在白云观、西土城台至小红庙村之南北一线；北城垣在白云观西至头

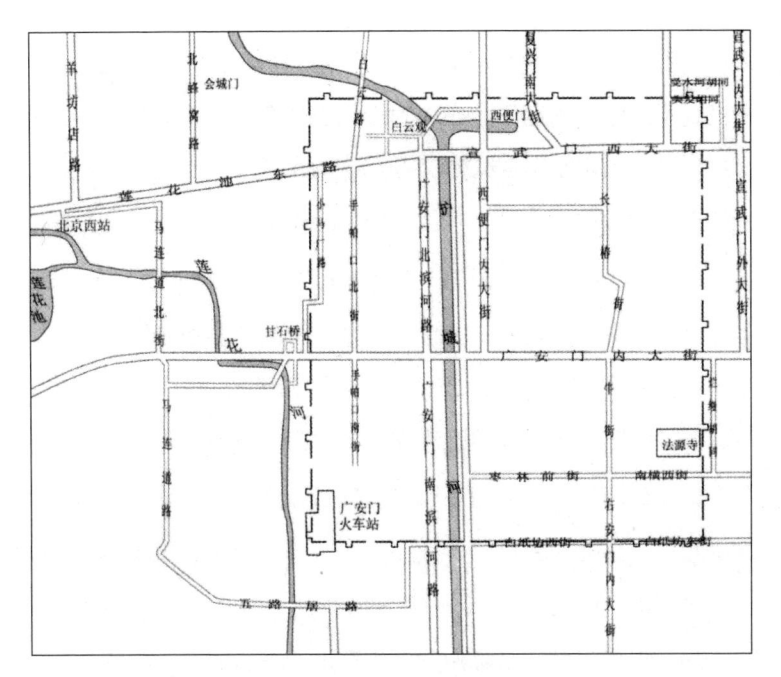

唐幽州城平面图

发胡同一线；南城垣在今姚家井以北的里仁街东西一线。唐幽州城有内外两重城墙，内城亦称子城，位于外城（或称罗城）的西南角，方圆相当于今天的4里。西、南两面城垣利用了大城的城垣，东、北两面城垣则是另筑。

幽州城实行坊市制度，城内分为26坊（一说28坊）。北宋使臣路振曾在《乘轺录》中记载当时的辽南京："城中凡二十六坊，坊有门楼，大署其额，有蓟宾、肃慎、卢龙等坊，并唐时旧名也。"辽南京承续唐、五代幽州城之旧，城市布局未进行改制，应大致可见当时幽州的一些情况。城中居民除了汉族以外，还有北方各少数民族如奚、契丹、突厥、靺鞨、羯、蕃等，还有不少来自西亚的胡人。罽宾、肃慎两坊应是少数民族的聚居地,因为罽宾是当时在今阿富汗喀布尔附近的古国名,而肃慎则是东北地区的古国。幽州城内有纵横贯通的经略军街、燕州街、檀州街等。幽州城中不仅民族众多,人口数量也非常多。韩光辉在《北京历史人口地理》中估算,极盛时期幽州城的人口当有 15 万人上下。幽州城内的商业发达,在城北的幽州市是北方著名的市场,分 20 多个行会开展商业活动。市中还设立"市楼",是地方政府管理市场和征收商税的机构。姚汝能的《安禄山事迹》记载,安史之乱中,安禄山"以范阳为东都,复其百姓终身,署其城东隅私第为潜龙宫。其第本造为同罗馆,前后十余院,门观宏壮,闺阃幽深,土木之瑰奇,黝垩之雕饰,僭拟宫室"。

隋唐五代时期,是幽州地区佛教迅速发展的一个时期,不少

戒台寺全景

高僧在北京地区弘扬佛法，寺庙的数量与规模均超越前代。唐代除了原有的寺庙外，新增的寺庙就有数十座之多。其中比较著名的有：幽州城内有悯忠寺（今法源寺），天王寺（今天宁寺）、归义寺、祐唐寺、真应寺、崇孝寺等；在今北京郊区有马鞍山的慧聚寺（后称戒坛万寿寺、戒台寺）、白带山的云居寺（今房山区云居寺）、淤泥寺（后称鹫峰寺）、北留寺、永济寺等。这些佛寺的规模宏大，建筑瑰丽。据《蓟门纪乱》记载："史思明留骏马百余匹在其厩中……每日则于桑干河饮之。（张）通儒将入，潜令康孝忠以数十人持兵诣饮处，驰取其马，闭于城南毗沙门神之院。"毗沙门神又称多闻天，是佛教护法四天王之一。古代北方以毗沙门神为随军护法、乞胜利之神，唐幽州城是北方军事重镇，其置毗沙门神寺是理所当然之事。该寺在幽州城南，既然可藏匿百余匹马，规模当亦十分宏大。

除了佛寺以外，幽州地区还修建了大量的道观，景教寺庙也在此地出现。今北京白云观建于唐玄宗开元二十七年（739年），时称天长观。在房山三盆山的十字寺，则是唐代在佛教寺庙基础上改建的景教寺庙。

主要建筑遗存

北埝头文化遗址

北埝头文化遗址，1984年在北京市文物普查中被发现，位于平谷区西北7.5公里的北埝头村西台地上，发源于北部燕山支脉的错河经遗址北部流向东南，汇入洳河。遗址高出河床7米，东西宽50米，南北长120米，面积约6000平方米，文化层厚0.5～2.5米。

北埝头文化，应源于长城以北的白音长汗、兴隆洼文化，属于新石器中期文化，距今约6500年至7000年，属于平谷上宅文化的一部分，但又有所区别。2001年，遗址被公布为北京市第六批文物保护单位。

经过先后三次考古发掘，北埝头文化遗址共清理出16座房址以及陶器、石器等遗物数百件。这16座房址，分布较集中，均为半地穴式建筑，平面除了少数为抹角之形外，多呈不规则的椭圆形，直径在2.5～4米之间。在保存较好的F2房址周边发现有木柱穴，在靠近南壁附近的地面上有4个柱穴遗迹，北面有3个，间距50～69厘米。柱穴直径22～24厘米，深18～20

厘米，内有朽木灰和夯土痕迹，朽木直径12～14厘米。专家认为，这种房屋先在地上挖掘方形或圆形浅地穴，然后在地穴四周埋上立柱，在洞穴四周又作了夯实。立柱上支撑着由树枝、茅草覆盖的屋顶，有的屋顶表面还涂泥，房屋四面墙用草拌泥砌成。

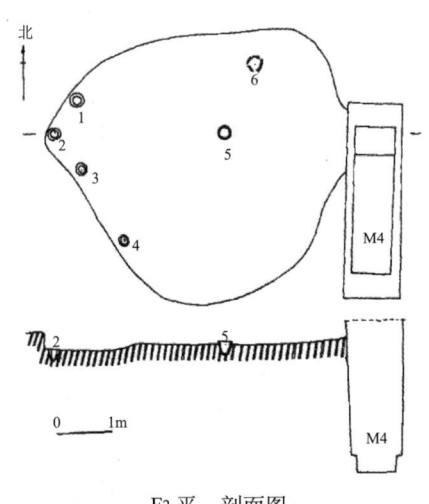

F2 平、剖面图
1~4. 柱洞　5、6. 陶罐

北埝头房屋遗址平面、剖面图

房址室内东南部略高，西北部偏低，无明显的门道痕迹。关于房址是否有门的问题，存在着不同看法。一种观点认为，根据地面的坡度和残壁缺口的推测，门的位置可能开在东面或南面。另一种观点则认为，房屋可能像兴隆洼遗址中发现的居住址一样，无室门而可能用短梯出入室内外，既可保温，又可抵御野兽的侵袭。

居住地面经过火的烘烤，表面是一层5～6厘米厚的红烧土，火候不均，颜色斑驳，硬度不一。在每个房址的地面中部附近，都有1个或2个埋在地下较大的深腹陶罐。陶罐口沿露出地面6厘米，罐内存较多的木炭渣和烬土，应是作为烧煮食物和保存火种的灶膛。在陶罐周围的地面上发现较多的红烧土碎块和木炭渣，地表面呈红褐色，很硬，居住址内的堆积层下及周围的地面上散见许多陶器残片和石器。

北埝头文化遗址建筑形式带有显著的北方新石器文化的风格和特点，房屋建筑比较集中、数量较多，为复原当时的聚落形态提供了较为重要的资料。

琉璃河遗址

琉璃河遗址是北京境内发现最早的城市遗址，是西周燕国的初都所在。

1945年琉璃河地区因发现散落的古陶器残片，开始引起考古界关注。1958年，北京市进行文物大普查时发现遗址迹象。1962年，北京市文物工作队开始小规模试掘。此后，从20世纪70年代到21世纪初年，考古工作者在此处组织了多次大规模多次考古发掘，获得了众多的考古发现。1979年琉璃河遗址被公布为北京市文物保护单位，1988年，被公布为全国重点文物保护单位。为了保护遗址，成立了西周燕都遗址博物馆。馆内有展厅、文物库和两处墓葬，两处车马坑。展示的文物有陶、铜、原始青瓷、玉、漆、俑、石等器物数千件。目前，以遗址为核心的考古公园也在积极建设中。

琉璃河遗址位于房山区琉璃河镇东北2.5公里处，包括今董家林、黄土坡、洄城、立教、庄头村、刘李店等6个自然村。周边良田沃土，便于粮食作物生长，又处永定河古渡口附近，为南北交通要道，地势高平，适合修建城邑。整个遗址的面积为东西

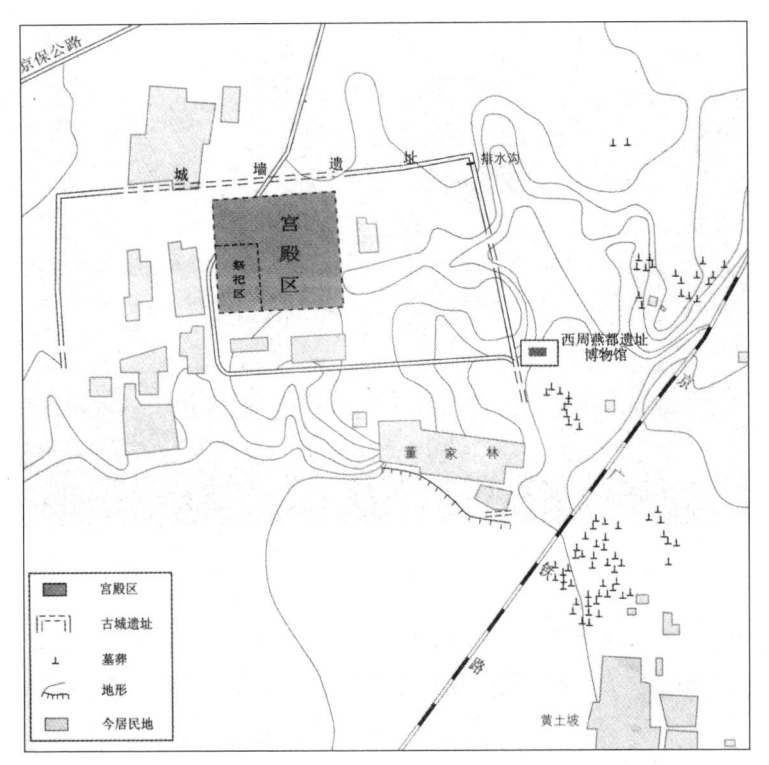

琉璃河遗址示意图

长 3.5 公里，南北宽约 1.5 公里，面积 5.25 平方公里。

琉璃河遗址包括古城址、居住址、墓葬区三部分。其中，古城址位于董家林村周围的高台地上。明朝万历年间，董家林村名董林城，说明地面上还有城墙存在。据当地居民介绍，20 世纪 50 年代时，地表还能看到断断续续的城墙，有的地方城墙尚能高出地面 1 米多。1962 年进行田野考古调查时，北城墙在地面上还存有部分 1 米多高的墙体。可惜，这些地面的城墙在后来因平整土地而被夷为平地。董家林古城地下墙体经调查与钻探，1970

琉璃河西周城垣遗址

年、1984年两次发掘，确知北城墙地下墙体保存完好，长为829米。南部被大石河冲毁，所以东西城墙各残留北段约300米。依照地形以及参照其他古城的形状推测，燕都城可能是东西长大于南北宽的长方形。

西周燕都城墙的修建过程是，先在生土上挖基槽，然后填土夯平，再分段层层夯筑墙体。在解剖城墙的过程中，发现在城墙的主墙上部，相应的位置都有相同的分界线，相互平行。分界线是垂直而下的，而且界线两侧的夯层并不衔接。这些界线是从分界线侧面夯筑时使用了木板做墙，板墙外用木柱支顶后所留下的痕迹被清理出来，有的夯层上清晰地印有挡板的痕迹，由此分析推出了城墙的夯筑采用了分段的方法。主墙宽约2.6米。夯层一般厚5厘米，夯窝为圆形，直径约3厘米，夯窝密集，夯土坚硬。

主墙内外两侧有斜坡状"护坡",未见夯打痕迹。整个墙基底部宽约 10 米,墙体断面呈梯形。城墙外有护城壕,深约 2 米,上宽下窄,壕底有 10 厘米左右的淤土层,这说明当时可能也是利用护城河作为城市的防卫设施的。从护城坡到护城壕底部,发现一层不太结实的路土,说明城墙的土从壕沟内取得。而护城坡土质不是很纯净,内有陶片和动物骨骼,应为就地取土而成。1995 年秋,在东城墙北部发现一条用河卵石砌筑的穿城的排水沟,沟长约 9 米,宽约 1.2 米。在当时已发现西周诸侯国有城垣的都城中,是唯一有排水沟的,在研究诸侯国都城结构、布局等方面具有重要意义。在古城遗址的东北角及北城墙内侧,考古人员还发现了两座西周早期的墓葬,墓葬在城墙修筑好以后葬入,使城墙的修筑时间得到进一步确认。

遗址的居住区位于城内及西部,有房屋、窖穴、灰坑、水井等遗址。城内中部偏北为宫殿区,发现 6 处夯土台基,其中 2 处为长方形,似为宫殿的基址。而古城遗址内西北部,则为手工业作坊区和平民生活区。居住区出土的遗物主要有石、陶、铜、玉、骨、蚌等制作的生产工具、生活用具、兵器、装饰品和卜骨等。墓葬区主要在黄土坡村以北的一片高敞的台地上,墓地面积约 5 万平方米。京广铁路从墓地中部穿过,将墓地分为东、西两部分。自 1973 年以来,共清理发掘出各种墓葬 200 多座,车马坑 30 余座。墓葬分为大、中、小 3 种类型。中小型墓为长方形土坑竖穴,四周一般有熟土二层台,坑底置棺椁;大型墓墓室部分亦为长方形土坑竖穴,一般带有 2 条墓道,个别的有 4 条墓道,坑底木椁保存较好。墓葬中的随葬器物，多放在二层台上及头前的棺椁间，小型墓以陶器为主，中型墓以青铜器为主，而大型墓葬因严重被盗，青铜器不多见。墓葬区出土的青铜器，比较著名的有堇鼎、伯矩鬲、克盉、克罍等，均具有重要的文物与艺术价值。除青铜器以外，还有玉石器、玛瑙器、骨角器以及原始青瓷器、漆器、蚌器、货贝等文物出土。附葬的车马坑，最少的为2匹马、1辆车，最多的则达42匹马、10余辆车。

董家林古城作为西周燕国的都城，大致在西周时期。从墓葬出土的文物看，包括从商晚期至西周中晚期的形制特征，但进入春秋以后的遗物就很少了。考古人员还发现，琉璃河燕城遗址的城墙内护坡的部分段落已被西周晚期的文化层打破。另外，护城河也被含有西周晚期遗物的淤泥所填塞，根据护城河的遗物，可以看出护城河到西周晚期已失去其防卫功能，极有可能意味着城市功能的改变。根据这些打破关系判断，在西周晚期琉璃河城址已由燕国的都城变为一般的居民点。说明到春秋时期，董家林古城可能已不再是国都。

西汉王侯墓葬

北京的考古工作者先后在大葆台、老山等地发现了汉代王侯墓，率先发现"黄肠题凑"的墓葬实例，为研究相关问题提供了重要资料。

大葆台汉墓位于丰台区郭公庄西南隅，距北京城15公里，是北京地区发现的最大的一座西汉中晚期诸侯王的陵墓。

墓于1974年至1975年间进行发掘，共发现两座木棺椁。1号汉墓在东，2号汉墓在西，两墓东西并列，相距26.5米。两墓封土连在一起，成一东西近100米、南北80米、高8米的高大土丘。从横断面观察，2号墓压在1号墓之上。考古工作者根据出土的文物推测，1号墓墓主应为死于西汉元帝初元四年（前45年）的广阳顷王刘建，西侧的2号墓墓主应为其王后。

两墓均早年被盗，2号墓被烧毁，1号墓则相对保存较好。1号墓坐北朝南，平面呈"凸"字形，为土坑竖穴墓。墓坑上方尚有南北长90米、东西宽50.7米、残高9米的封土堆。墓室上口南北长26.8米，东西宽21.2米；底口长23.2米，宽18米，深4.7米。墓南侧辟有墓道，残长16.7米，宽4.25米。墓顶和底部以木炭和白膏泥密封，四周空隙则以积炭填充。整个墓室为

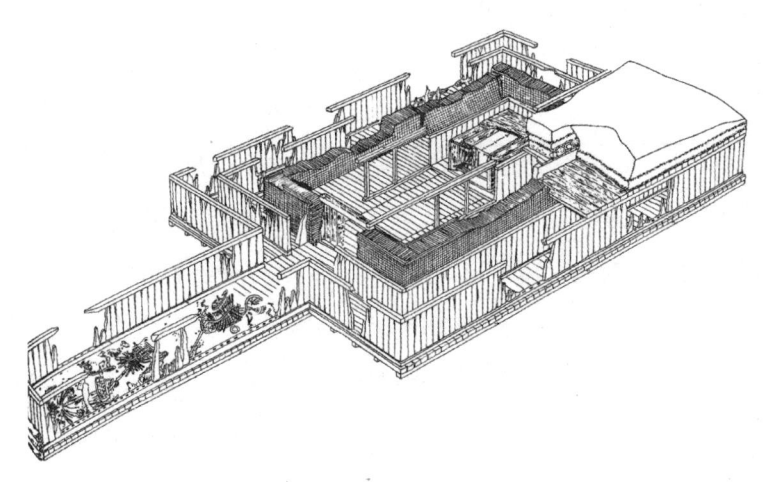

大葆台汉墓

木构建筑，由甬道、外回廊（外藏椁）、黄肠题凑、内回廊、前室（便房）和后室（正藏）诸部分组成。墓室的中心结构为梓宫、便房、黄肠题凑，是汉代天子和诸侯国国王的葬制。后室为停棺处，室内以扁平立木为成椁室，棺木放在椁室中央的棺床之上，棺椁五重，二椁三棺，以楸木、楠木、檫木为板材。后室南边是前室，又称便房，内陈黑漆朱彩坐榻，象征墓主生前起居饮食燕乐之所。围绕便房的是著名的黄肠题凑，黄肠题凑在《汉书·霍光传》中解释为"以柏木黄心累置棺外，故曰黄肠。木头皆内向，故云题凑"。黄肠题凑外面有两层回廊，各宽1.6米，平面呈"回"字形，两端与甬道相通，回廊中埋有牲畜和陶俑等物。墓室南端的墓道内还陪葬有车马，计3辆木质单辕车和11具马骨。墓中随葬品大多被盗，现存文物400余件。

1979年，北京市决定成立大葆台西汉墓博物馆，1983年正式对外开放。1995年10月，北京市人民政府公布大葆台西汉墓遗址为北京市文物保护单位。

老山汉墓位于石景山区老山自行车教练场东南环路北侧，2000年，北京考古工作者对其进行了抢救性发掘。老山汉墓依山势而建，为长方形竖穴岩坑墓，由封土、墓道、墓坑和墓室4部分构成。封土呈覆斗形，南北约55米，东西约60米。老山汉墓的年代，根据出土的陶器等随葬品推断，应在西汉中期。在前室西侧漆案上有一具保存完整的骨骸，根据专家鉴定，为一年龄在30岁至32岁之间，身高160厘米至162厘米左右的女性，应是墓主人的尸骨，即西汉燕王王后。老山汉墓与大葆台汉墓形

老山汉墓全景

制比较一致，也有相当的特殊性。大葆台汉墓的题凑多用柏木垒砌而成，而老山汉墓的题凑却用了大量的杂木，如板栗木等。老山汉墓的随葬品有大量的漆器制品以及漆器构件，这在其他墓葬中较为少见。

2001年，老山汉墓被公布为北京市文物保护单位。

潭柘寺

潭柘寺位于门头沟区东南部的太行山余脉宝珠峰南麓，距北京城约40公里，因前有柘树、后有龙潭而得名，寺占地6.8公顷，是北京郊区规模最大的寺庙之一。

据记载，潭柘寺始建于西晋（265—317年），时称嘉福寺，距今约1700多年，是北京现存最古老的寺庙。故而北京地区的

潭柘寺全景

谚语称，"先有潭柘寺，后有幽州城"。唐武则天时，寺庙扩建，改名为龙泉寺。金皇统年间（1141—1149年）重修后，改名大万寿寺。元代及明初均有修建，但几经战乱，寺院多有破败，明天顺元年（1457年）曾恢复旧名嘉福寺。清康熙、乾隆年间又进行大规模重修，康熙三十一年（1692年）改名为岫云寺。寺名前后更迭频繁，但其俗名潭柘寺却闻名遐迩。民国时期，潭柘寺的上层僧人与政界联系密切，形成了举足轻重的宗教和政治势力，寺亦成为西山区最大的宗教地主庄园。中华人民共和国成立后，1957年，潭柘寺被公布为北京市文物保护单位，政府还多次拨款对寺院进行大规模修整，并对外开放。2001年6月，被公布为第五批全国重点文物保护单位。

寺院建筑坐北朝南，依山势而建，各组殿堂呈阶梯状而上，建筑雄伟，四周有高大围墙环绕。全寺建筑分为中路、东路、西路三个部分。

寺院的主体建筑多集中于中路轴线上，最南面为一巨大的木牌坊，三间四柱三楼，顶覆黄琉璃瓦，檐下装饰有斗拱。牌坊后有一单孔石拱桥名怀远桥，过桥即为山门。山门为砖石结构，单檐歇山顶，面阔三间，开有券门三座，汉白玉石雕花券脸，明间正中悬康熙帝御笔"敕建岫云寺"匾额。山门内为天王殿，面阔三间，绿琉璃瓦歇山顶，檐下装饰有斗拱，殿内供奉弥勒佛和四大天王像，殿前有钟鼓楼；大雄宝殿位于天王殿后，是全寺地位最高的建筑，殿面阔五间，黄琉璃瓦绿剪边重檐庑殿顶，上下檐均有斗拱装饰，大脊两端为巨形碧绿琉璃鸱吻，高2.9米，各系

潭柘寺大雄宝殿

以镏金长链；殿前有月台，四周绕以石栏，有汉白玉石垂带踏步；殿内正中供奉释迦牟尼像，两旁塑阿难、迦叶像；大雄宝殿之后为毗卢阁，为中轴线的终点，也是全寺最高的建筑，面阔七间，二层，楼阁式建筑，高15米，阁内供有三世坐佛像，下呈六角形须弥座。殿与阁之间原有三圣殿，但早已毁坏，现仅存基址。

东路建筑主要是庭园式建筑，有行宫院、方丈院、流杯亭、地藏殿、圆通殿和舍利塔等；圆通殿和地藏殿均在毗卢阁东平行排列，建制较中路各殿略小；两殿之间有舍利塔，名金刚延寿塔，建于明正统二年（1437年），喇嘛僧塔形式，与城内妙应寺白塔相似；方丈院和清皇帝行宫为东路主体建筑，建筑虽不如殿堂之崇宏，但青竹流泉，幽静雅致，颇具江南园林意境；行宫有书舍三间，中间有方亭一座，人称流杯亭，绿琉璃瓦四角攒尖顶，汉白玉台基，上悬乾隆帝亲题"猗玕亭"匾额。

西路建筑是由几座佛殿和三处自成系统的殿堂组合，有楞严殿、戒坛大殿、药师殿、文殊殿、观音殿、祖师殿、龙王殿以及西南斋、写经室、大悲坛等院落。观音殿位于西路建筑的终点，是寺院的最高处，为"潭柘十景"之"千峰拱翠"所在，殿面阔三间，黄琉璃瓦歇山顶，檐下装饰有斗栱，廊下悬有乾隆帝手书"莲界慈航"匾额；观音殿的下方为戒坛大殿，为僧人受戒之所，殿面阔三间，歇山卷棚顶，和玺彩画，前檐处悬"戒坛"横匾，戒坛位于大殿正中，为三层品字形汉白玉须弥座石台，高3米有余，周围有彩绘木栏，台上有一垂花罩，罩中供奉接引佛。

潭柘寺外尚有供僧侣退休养老的安乐延寿堂和埋葬历代高僧

的塔院等建筑。塔院在寺前小平原上，分上下两处，有辽金元明清各代僧塔 72 座，集各个时代塔之大观，是研究历代僧塔形制演变的珍贵资料。

北齐长城

北魏时期，为了防范北方敌对势力柔然的进攻，加强都城平城（今山西大同）的防御，北魏政权修筑了南北两线长城。其中，在北京境内的是南线长城"畿上塞围"。《魏书·世祖纪》记载：北魏太平真君七年（446 年），拓跋焘"发司、幽、定、冀四州十万人，筑畿上塞围，起上谷，西至于河，广袤皆千里"。上谷郡的郡治为居庸县，在今北京延庆区境内。

北齐建立以后，由于蒙古高原上的突厥王朝经常侵扰北齐北部边境。因此，为防范突厥兼对付西魏（后为北周），北齐在北魏的基础上拓修长城，其规模仅次于秦汉。《北史·齐本纪》载，北齐文宣帝天保六年（555 年），"诏发夫一百八十万筑长城，自幽州北夏口，西至恒州九百里"。夏口即今北京居庸关的南口附近，恒州即今山西大同。从走向及位置考察，这条从夏口至恒州的长城，与北魏政权所修畿上塞围相同，可能是在旧长城的基础上，加以修补扩建而成，其长度也大体相当。天保七年（556 年），"自西河总秦戍（今山西大同西北）筑长城东至于海，前后所筑东西凡三千余里，率十里以戍，其要害置州镇，凡二十五所"。将长城又继续往东修筑，一直到渤海。明朝修筑万里长城时，北京境

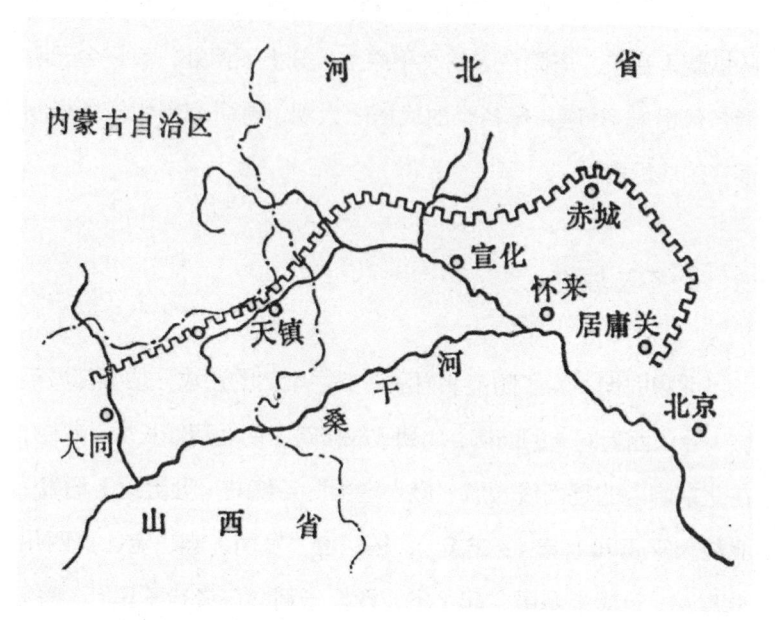

北齐长城示意图

内大部分北齐长城被叠压覆盖，目前只有几处遗迹可寻。

目前，北京境内保存北齐长城较长的一段为古北口北齐长城。据宋大川主编《北京考古史》（魏晋南北朝隋唐卷）记载，古北口的北齐长城，从野猪岭的小高楼与明长城分开，到司马台的下窝铺与明长城会合，长度大约20公里。修筑长城的主材是未经斧凿的毛石，墙体高5～7米，宽4～6米。在长城上没有修建敌楼，而是在城墙的南侧修建了大量用于驻兵的寨子，如潮河关西沟的怀古城寨子、石盆峪寨子、丫吉山寨子、司马台北山寨子、下窝铺寨子等。这些寨子均坐落在山坡几层的台地上，寨墙长宽都有100米左右，厚2米左右，寨子附近还有宽大的练兵场。20世纪70年代，北齐长城小高楼至西沟口一段尚有长1.5～2公

北齐长城

里、高 2 米的残墙。目前只有很少一部分石墙残存，大部分仅存石灰渣与墙基。自西沟口越过潮河处，有一座与长城同时修筑的关城——潮河关，北齐时称"提携城"，元朝称"潮河关"，明代改"潮河所"。关城三面临河，因河水时常泛滥，泥沙淤积，使得城墙变矮。关城东西宽 150 米，南北长 156 米，北面城墙是长城的一部分，厚 6.5 米，西面城墙厚 5 米，东墙与南墙现已不存。这段长城已与明长城一起被公布为国家文物保护单位，并被纳入世界文化遗产名录。

此外，在昌平区流村镇马刨泉村也有一段北齐长城遗迹。其北部连接于明八达岭长城之上，起于高楼（原称皇龙院）北山梁，南经泥洼、禾子涧的锅顶山，老峪沟村南的鳌鱼岭，再折向马刨泉的北祁岭，然后出昌平境入门头沟区东山，南北长约 30 公里。

坍塌毁坏严重，目前大部分残高1.5米，宽2米左右，多不连续，城台敌楼、烽火台等均已倾圮。此段长城在《北京文物古迹词典》中曾被认为是燕北长城的一部分，目前专家学者则多认为是北齐长城。2003年，公布为昌平区文物保护单位。

北齐长城建筑的瓦当

悯忠寺

悯忠寺是法源寺的前身，位于西城区法源寺前街7号，是京城最著名的古刹之一。

唐贞观十九年（645年），唐太宗为了追悼远征高丽阵亡将士，下诏在幽州城东南隅建寺立庙，赐名"悯忠寺"，直到武则天执政时万岁通天元年（696年）始建。唐"安史之乱"时一度改名顺天寺，于寺前增东西二塔。武宗会昌灭法，幽燕八州唯存此寺。唐中和二年（882年）寺毁于火，至景福年间重新修建。五代时，一度改为尼庵。辽道宗清宁三年（1057年）幽州地震，寺院再次毁坏，随后奉诏修复，辽咸雍六年（1070年），改称大悯忠寺。道宗大安十年（1094年）重建，寺宇焕然一新。金大定十三年（1113年）曾为女真人进士考场，后宋钦宗赵桓被掳

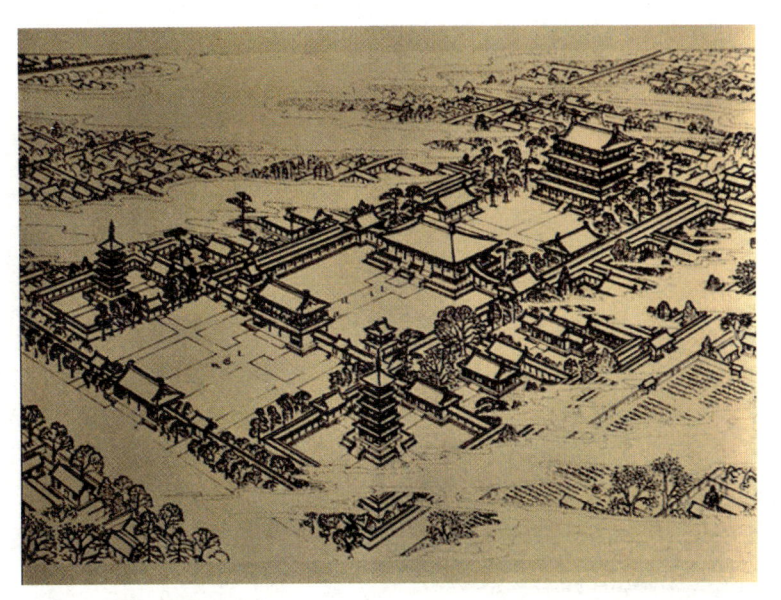

傅熹年绘悯忠寺复原图

至燕京时亦囚禁于此。元代悯忠寺为都人游览胜地，时有"悯忠高阁，去天一握"之誉。元末全寺毁于兵灾。明正统二年（1437年）重修，改名崇福寺，重修后的寺庙占地比原来缩减许多。清初，顺治皇帝下诏在此设立戒坛。清雍正十一年（1733年）改建，更名为法源寺。乾隆四十三年（1780年）又重修，历时两年完工，乾隆帝亲临并赐"法海真源"匾额。1956年，中国佛学院创建于法源寺。"文化大革命"时期，寺遭严重破坏。1979年，被公布为北京市文物保护单位，并由中国佛教协会主持，将寺庙重新整修复原，1980年恢复中国佛教学院。2001年，被公布为全国重点文物保护单位。2003年，当时的宣武区（今并入西城区）政府将法源寺前原悯忠寺故址的住户单位拆迁，改为园林绿地。因悯忠寺在唐幽州迎春门内,故以"迎春"命名绿地。绿地中有仿唐石灯一座,为"唐悯忠寺故址"纪念标志。

寺坐北朝南,中轴线上有山门、天王殿、悯忠台、毗卢殿、大悲坛、藏经阁等建筑,东西两庑有寮房数百间。

大雄宝殿是法源寺的主体建筑,坐落于"凸"字形台基之上,面阔五间,进深三间,灰筒瓦单檐歇山顶调大脊,重昂五踩斗拱,和玺彩画,前出三间卷棚顶抱厦。殿内抱厦梁上悬乾隆帝手书"法海真源"匾额,殿内供明初所塑释迦牟尼、文殊和普贤像,两厢分列清代木雕十八罗汉。

唐悯忠寺故址纪念碑

悯忠台位于大雄宝殿之后,亦称观音殿或悯忠阁,是法源寺特有的建筑。台建于四周护以砖墙的台基之上,最初为唐幽州节度使李可举于景福二年(893年)所建七间三层高阁,中奉观音立像。辽应历五年(955年)又在原址重修,但比原来减少一层。现存悯忠台为明代中叶建制,单檐歇山顶,台外墙以12柱为架,室内以12柱支撑,室内顶棚彻上露明造,结构与故宫御花园内万春亭类似。台内陈列法源寺历代相传的石刻

法源寺悯忠台

文物，其中史思明的"无垢净光宝塔颂"碑，是北京市内唯一保存完整的唐碑。

藏经阁为寺中轴线上最北端的建筑，上下两层均面阔五间，进深三间，灰瓦庑殿顶，斜方格隔心门窗，檐枋、檐檩绘以花卉、人物故事彩绘；阁正面供奉一尊长7.4米木胎罩金泥佛，为1979年自崇文门外东卧佛寺移至此处；阁东西两侧有朱红色转角小楼，以扶廊与阁相通。

白云观

白云观位于西便门外滨河路，是北京最大的道教建筑群。观初建于唐开元二十六年（739年），原名天长观，金明昌三年（1192

年），重修此观，改名为太极宫，金泰和三年（1203年），太极宫毁于火。元初全真派道长长春真人丘处机奉元太祖成吉思汗之诏驻太极宫掌管全国道教，遂更名长春宫。金天会五年（1127年）丘处机去世，其弟子在宫东建立道院，取名白云观。元代末年，长春宫等建筑毁于兵燹，白云观独存。明洪武二十七年（1394年）重建前后二殿和一些附属建筑，正统年间又大规模重建和添建，使观之规制趋于完善。明末，观复毁于火。清康熙四十五年（1706年）在原来基础上大规模重修与扩建，今白云观的整体布局和主要殿阁规制即形成于此时。以后，在乾隆、光绪年间又有修缮和少量添建。民国期间，观内建筑大都因年久失修变得残破。中华人民共和国成立后，政府于1956年拨款进行修缮，1957年定为中国道教协会会址。"文化大革命"期间，再次遭到破坏，1981年又拨款全面修葺，并对外开放。1979年，被公布为北京市文物保护单位。2001年，被公布为全国重点文物保护单位。

白云观坐北朝南，分为中、东、西三路以及后院计四个部分，占地面积1公顷多。主要殿宇位于中轴线上，包括山门、灵官殿、玉皇殿、老律堂、丘祖殿、三清阁等建筑，配殿、廊庑分列中轴两旁。

山门前神路的前端有棂星门，为一座四柱七楼木结构牌坊，正楼前后有额，前书"洞天胜境"，后书"琼林阆苑"。山门建于明代，面阔三间，单檐琉璃瓦歇山顶，汉白玉雕花拱券石门，檐下额书"敕建白云观"，门前有石狮、华表等物。棂星门外有砖砌照壁，壁心嵌"万古长春"字样的琉璃雕砖。

山门内为灵官殿，原为四帅殿，面阔三间，进深一间，内奉王灵官像。灵官殿后东西两侧有钟鼓楼,为方形二层建筑,东为鼓楼,西为钟楼,与其他寺观布置相反。其后为玉皇殿,坐落于高大的"凸"字形台基之上,殿面阔五间,三间前列月台,灰筒瓦歇山顶,殿内供玉皇大帝神像,现两侧的万历年间铸造的铜像为他处移来。老律堂原称七真殿,位于玉皇殿后,为观内道士宗教活动的主要场所。殿面阔三间,勾连搭建筑,前出月台。殿内供奉全真道祖师王重阳的七大弟子塑像,丘处机居中,殿内正梁上悬康熙御书"琅简真庭"横匾。殿外月台右方立铜骡一骑,原为东岳庙之物,后移至此处。

白云观山门

丘祖殿为老律堂后一组自成院落的前列建筑，始建于金正大五年（1128年），名处顺堂，清康熙年间改为贞寂堂，乾隆四十五年（1780年）改为今名，是全真龙门派后裔奉祀丘处机的殿堂。殿面阔三间，灰筒瓦歇山顶，殿内塑有丘真人和二胁侍像，有瘿钵置于石座上，相传为宋代遗物，为乾隆帝所赐。三清阁和四御殿是与丘祖殿组成院落的正房，上下两层，上为三清阁，下为四御殿，面阔五间，前出廊，是白云观中路北端的顶点建筑。三清阁供奉道教最高尊神玉清原始天尊、上清灵宝天尊、太清道德天尊，四御殿供天神界的四位大帝像。阁两侧有转角翼楼相通，东为藏经楼，原藏有明正统道藏和万历续道藏，后移交北京图书馆。西翼楼为朝天楼或望月楼。

三清阁后为云集园，是白云观的后院，也是观最北端的建筑。云集园始建于光绪十三年（1887年），园中以戒台、云集山房为主体建筑，另外尚有云华仙馆、友鹤亭、妙香亭、退居楼等建筑点缀园中。云集山房面阔三间，周以围廊；戒台位于其南，北向，为传经受戒之所，其两侧有游廊迂回，后有假山横亘。整个后院布局精巧、景色优美。

观东路原有南极殿、真武殿、火神殿、斋堂等建筑，因所奉神像早毁，现已辟为寮房，作为生活居住区。东路尚有保存完好建于雍正年间的罗公塔，塔八角三级，砖石结构，雕花细腻，古朴庄重。西路建筑吕祖殿、八仙殿、元君殿、元辰殿、祠堂院等。祠堂在南端，为供奉白云观历代方丈神位之所；元君殿，亦称娘娘殿，建于乾隆二十一年（1756年），面阔三间，歇山顶，中奉碧霞元君，左右为子孙娘娘和眼光娘娘，殿左右复有悬山各一座，下有催生娘娘和天花娘娘塑像，殿原为坐北朝南，现为坐南朝北，为观中唯一的倒座殿。吕祖殿位于元君殿西侧，建于嘉庆十三年（1808年），为一独立院落。院分前后亮殿，均面阔三间，两侧配以庑廊；前殿为八仙殿，殿中顺两山塑八仙像。穿八仙殿而过为吕祖殿，为供奉吕洞宾的专殿，殿为绿琉璃瓦顶，为观中仅有；元辰殿在三清阁西侧，又名六十甲子殿，为供奉六十甲子星宿神像之所，殿面阔五间，灰瓦歇山顶，殿内原奉六十甲子像毁于"文化大革命"期间，1984年补塑，并于中央新塑斗姥像做主神。

辽金时期的北京建筑

在北京城的发展史上，辽金时代是十分重要的过渡阶段。这个时期，一方面是长安城作为我国封建社会前期最大的政治中心的地位一落千丈，另一方面我国东北方的蓟城的地位却日渐重要。这种转折是以辽升幽州为南京，将其变为陪都作为标志的。金朝定都中都，则进一步强化了这种转折，使北京逐步迈上都城之路。城市地位的变迁，对北京古代建筑文化也产生了重大影响，皇家建筑成为城市建筑的核心部分，建筑水平不断提高。

辽代南京城

辽是契丹人建立的国家。907年,耶律阿保机废除传统的部落选汗制,正式即皇帝位,成为契丹民族历史上的第一个皇帝,也开始了契丹历史发展的新时期。916年,阿保机在龙化州(今内蒙古赤峰市)正式建国,国号大契丹。辽太宗会同元年(938年),后晋石敬瑭为了契丹国的支持,正式将幽云十六州割让。同年,耶律德光下诏改国号为大辽,升幽州为南京,又称燕京,作为辽的陪都。

城市建设

辽南京的建立,不仅使北京城市地位发生了重大改变,也使北京城市建筑文化的多民族融合的属性更加突出。在初兴之时,契丹族过着游牧生活,建筑文化水平较低。《辽史·营卫志》记载,契丹族早期"畜牧以畋渔为食,皮毛以衣,转徙随时,车马为家",没有开展土木建筑活动。后来,他们开始向汉族学习建筑技术,"得燕人所教,乃为城郭宫室之制"。辽太祖天显元年(926年)"乃展郭郭,建宫室,名以天赞",开始了较大规模的筑城建屋。辽的上京也是以幽州为样板而修建的,"城郭、邑屋、廛市,如幽州制度"。获取幽州以后,他们在承接旧制、使用汉族工匠的同时,将本民族的一些文化观念与习惯融入建筑当中,在辽南京形成一种新的契丹与汉族文化相互借鉴、融合的建筑文化。

辽代实行南北分治的政策,"官分南、北,以国制治契丹,以汉制待汉人"。在汉族人为主的南京地区,辽地方行政制度与唐及北宋初期制度基本相同。北宋使臣路振曾在《乘轺录》中记载当时的辽南京:"城中凡二十六坊,坊有门楼,大署其额,有罽宾、肃慎、卢龙等坊,并唐时旧名也。"辽南京城的平面布局沿用了原幽州城的布局,仍然是内外两重城墙,内城亦称子城位于外城(或称罗城)的西南角。1012年,王曾出使辽国,在其

老墙根街的辽代土城遗迹

《上契丹事》中称："度卢沟河，六十里到幽州，伪号燕京。子城就罗郭西南为之。"辽南京城的城墙也是基本使用原有基址，只是把一些城墙重加修筑，并没有进行大规模的改造。《辽史·地理志》载辽南京城墙"崇三丈，衡广一丈五尺。敌楼、战橹具"。北宋使臣许亢宗在《宣和乙巳奉使行程录》记载了辽代末年南京城，"楼壁四十尺，楼计九百一十座，地堑三重"。这些都说明了辽南京承续唐、五代幽州城之旧，郭黛姮主编的《中国古代建筑史》第三卷（宋、辽、金、西夏建筑）称，辽南京"城市结构并未改变，仍以十字大街为骨架，固守州城里坊制格局，表现出较强的滞后性"。

在继承幽州城市建筑文化的同时，辽南京城市建筑文化也产生了重大发展。作为陪都，辽南京的政治地位有了很大的提高，体现在建筑文化方面，首先是代表专制皇权的宫殿区的出现和各种府邸建筑的增加。

与幽州相比，辽南京城代表皇权的宫城的出现，使其建筑文化中出现了比较浓厚的宫廷文化内容。虽然在安史之乱以及后来的藩镇割据过程中，幽州也曾出现一些模仿宫廷的建筑。姚汝能的《安禄山事迹》中记载，安史之乱中，安禄山"以范阳为东都，复其百姓终身，署其城东隅私第为潜龙宫。其第本造为同罗馆，前后十余院，门观宏壮，闺阃幽深，土木之瑰奇，黝垩之雕饰，僭拟宫室"。但没有形成比较集中的宫殿区。随着陪都地位的确定，契丹统治者一方面利用幽州的原有建筑，另一方面也多有兴筑。例如，辽重熙五年（1036年），曾"诏修南京宫阙府署"。

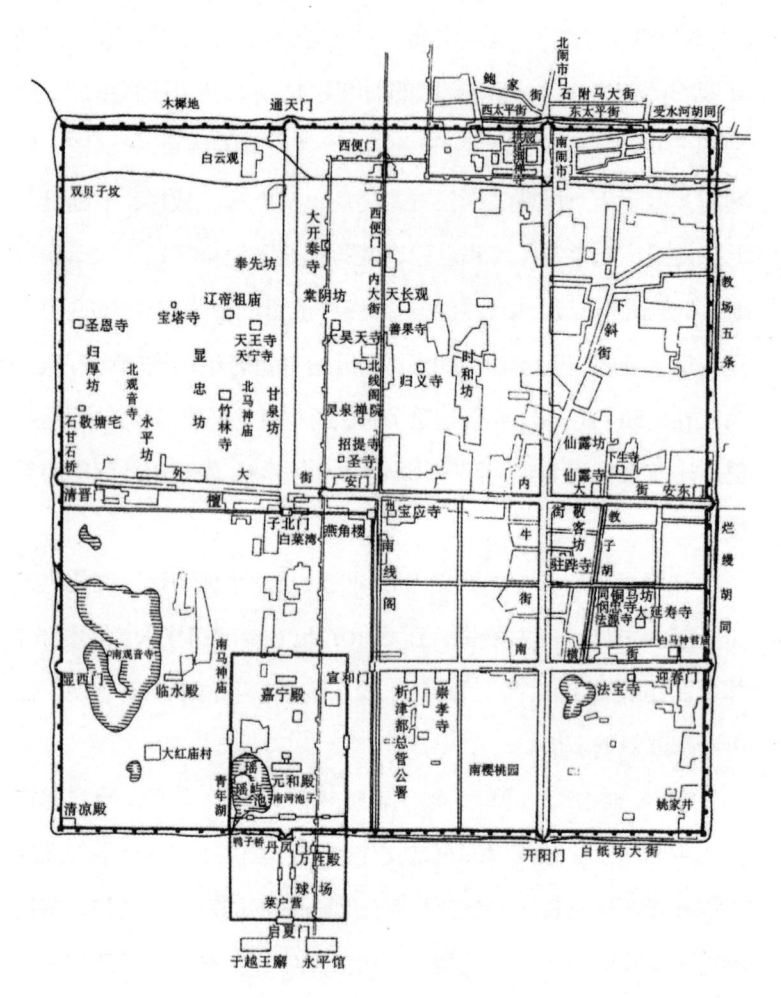

辽南京城平面图

此次修缮的对象，既有皇宫衙署，还包括一些寺庙。主持修缮工作的辽南院史兼检校太尉韩栒的墓志称："重熙五年，在燕京也。备清跸之来临，奚翠华之降幸。葺修宫掖，仰期饮镐。崇饰祠寺，企望问峒。举扬百司，支遣万计。"从中可见工程内容之多和工期之紧。经过不断经营，形成规模较大的包括宫殿区和园林区的宫城。

辽南京的宫城，又称内城、皇城，是在原幽州城的子城基础上改造和扩建而成的，位置仍在城市的西南角。宫城辟有4门，西为显西门，南为丹凤门，东为宣和门，北为子北门。入丹凤门后，其北尚有两道门。《辽史·地理志》称："内门（殿门）曰宣教……外三门（宫门）曰南端、左掖、右掖。"辽圣宗统和二十四年（1006年）改宣教门为元和门，改南端门为启夏门，左掖门为万春门，右掖门为千秋门。宫城之中的宫殿区的位置偏于子城东部，并向南凸出到子城的城墙以外。宫城中有元和殿、昭庆殿、便殿、内殿、嘉宁殿、弘政殿、紫宸殿等，还有供奉辽景宗耶律贤、辽圣宗耶律隆绪御像的两座御容殿。凉殿和燕角楼也是宫城的重要建筑，

辽燕角楼故址纪念牌楼

为契丹占领幽州城之后兴建的。凉殿位于皇城的西南角，也就是辽南京城外城的西南角上，其形制据考证与后世建于宫城四角的角楼相似，因可登高纳凉，故称凉殿。燕角楼，亦称燕阁，是宫城的东北角楼，今南线阁之"线阁"是燕角的转音，南线阁附近可能就是燕角楼的遗址。

宫城西侧为瑶池宫苑区，规模较大。瑶池中有小岛瑶屿，上有瑶池殿，池旁建有皇亲宅邸。此外，辽南京还有大量的衙署机构及贵族府邸。作为五京之一，城市的性质虽保持了原来的军事重镇和商业中心的职能，但区域政治中心的地位日益显现。辽代在其南京既沿用旧制，又增设了不少机构。"既得燕、代十有六州，乃用唐制，复设南面三省、六部、台、院、寺、监、诸卫、东宫之官"。此外，辽南京城内及近郊还有永平馆、于越王廨、城南亭、孙侯馆等招待外国使节的场所。众多的军事、行政、财政衙署和各种专门为皇室服务的机构，以及亲王、公主、勋贵的府邸，构成了与汉唐以来不同的城市建筑特色，从而初步具备了京师的功能。

辽南京建筑文化在承袭汉制的同时，也比较明显地体现出少数民族文化与习俗。辽代统治者虽然在不少方面学习、吸收汉民族的文化，但对于一些契丹的传统还是坚守的。"辽之初兴，与奚、室韦密迩，土俗言语大概近俚。至太祖、太宗，奄有朔方，其治虽参用汉法，而先世奇首、遥辇之制尚多存者。子孙相继，亦遵守而不易。故史之所载，官制、宫卫、部族、地理，率以国语为之称号。"在建筑方面，南京城中出现了球场、凉殿、燕角楼、内果园、湖泊等供契丹帝王贵族娱乐休闲的场所，城外还建有为数众多的供帝王避暑和渔猎的苑囿和离宫，如长春宫、延芳淀、华林与天柱二庄及瑶池殿等。这些注重骑射、亲近自然的各类建筑，和契丹人长期游牧生活养成的习性是密切相关的。此外，辽人还有朝日之俗，房屋毡帐大多东向。史载："契丹好鬼而贵日，每月朔日，东向而拜日。其大会聚，视国事皆以东向，四楼门屋皆东向。"在辽上京大内之中，不少宫殿毡房仍然保持着契丹传统的东向朝日。北宋官员出使辽国时也见到，大内南门承天门"内有昭德、宣政二殿与毡庐皆东向"。辽南京的宫城由于受唐五代的旧格局限制以及接受汉族"天子南面而立"的文化观念，宫殿皆南向，也以南门为正门。然而，宫城平时使用的只有东门宣和门。《乘轺录》记载："内城三门不开，止从宣和门出入。"其他三门不开，只使用东门，固然有便于管理和防守的实际需要，但也是和契丹人以东为尚的朝日习惯息息相关的。还有一些建筑更是采用坐西朝东的布局方式，如今天位于旸台山的大觉寺即为辽代寺庙东向的代表。另外，在建筑内部装饰上，辽代宫殿也有不少反映少数民族游牧习尚之处。《辽史·营卫志》记载，辽省方殿、寿宁殿等宫殿"皆木柱竹榱，以毡为盖，彩绘韬柱，锦为壁衣，加绯绣额。又以黄布绣龙为地障，窗、楲皆以毡为之，傅以黄油绢。基高尺余，两厢廊庑亦以毡盖"。这种以锦缎毛毡遮蔽宫殿墙面和地面的做法，即是对以往毡帐生活习惯的延续。

佛教建筑

这一时期，佛教在辽统治区域内广泛传播，特别是辽圣宗、兴宗、道宗三朝（983—1100 年），对佛教多有保护与支持，辽南京地区佛教寺庙发展迅速。

这些寺庙相当一部分是由皇室贵族、各级官僚施舍钱财而修建的。如辽代南京城内的大昊天寺是道宗清宁五年（1059 年）由圣宗皇帝之女、兴宗皇帝之妹秦越大长公主施舍私宅、田产四百顷、民户百户以及大量物资兴建，并由道宗及其皇后资助 18 万贯得以建成。还有部分寺庙则由民间佛教信徒自发成立的民间组织邑社所修建。例如著名的房山云居寺在辽代即由邑社重修。应历十五年（965 年）《重修范阳白带山云居寺碑》记录道："结千人之社，合一千人之心，春不妨耕，秋不废获，立其信，导其教，无贫富后先，无贵贱老少，施有定例，纳有常期，贮于库司，补兹寺缺。"碑额上还篆刻有"重修云居寺一千人邑会之碑"字样，说明

云居寺北塔

了这一组织是云居寺修葺的主要力量。

在官方和民间的协力之下，辽南京地区佛教寺庙数量增多，规模扩大，发展势头超过中原地区，成为北方地区之首。《顺天府志》称：辽南京"都城之内，招提兰若，如棋布星列，无虑数百"。宋人洪皓在其《松漠纪闻》中云："燕京蓝若相望，大者三十有六，然皆律院。自南僧至，始立四禅院，曰大觉、招提、竹林、瑞像。延寿院主有质坊二十八所。僧职有正、副判录，或呼司空。"于德源、富丽著《北京城市发展史》（先秦－辽金卷）进行过统计，当时整个辽朝疆域内的佛塔、佛教碑刻经幢等，竟有将近一半在南京及其所属的各个州县内，同样也说明了辽南京佛教之盛。

辽代南京地区的佛寺形式众多，规模宏大，造型精巧。梁思成《中国建筑史》称："辽宫庭土木之功虽不侈，固亦慎重其事，佛寺浮图则多雄伟。"例如，大昊天寺是在秦越国大长公主燕京的馆第基础上修建的，而原来的宅邸"雕华宏冠，甲于都会"，经过后来的巨资改扩建，其豪华奢丽大可想见。其中位于大殿之后的宝塔，六檐八角，轮相横空，高达两百尺。一百多年后，元人郝经在《登昊天寺宝岩塔》诗中对其仍大加称赞，"宝藏沙劫开，突兀翻地轴。瑰奇入霄汉，缔构穷土木"。燕京城内的开泰寺，为北院枢密使耶律斜轸所建，据称此寺"殿宇楼观，冠于全燕"。

此外，辽南京地区的佛寺还呈现出总体布局和个体建筑不拘一格、色彩缤纷的特点。这一时期，中国佛教发展最为活跃，来自中原、塞北、西域、天竺、海外等地的佛教流派纷纷汇聚于此。

各个流派之间在相互交融的同时，也不同程度吸收了儒学、契丹原始信仰，形成了丰富多样的地域化特色明显的寺庙建筑。当时辽南京地区的部分寺庙是依照中原佛教寺庙样式修建的，如应历年间建成的燕京三盆山（今北京房山）佛寺崇圣院。据应历十年（960年）《三盆山崇圣院碑记》记载，该寺"营理大殿三间，中塑释迦牟尼神像，左大智文殊师利菩萨，右大行普贤菩萨。两壁悬山应真一十八尊罗汉，东西伽蓝祖师，二堂两廊，僧舍二楹，钟鼓二楼"。这种佛祖尊中位，文殊、普贤左右胁侍，即是当时典型的中原佛寺模式。而辽南京地区更多的佛寺则是以中原庙宇模式为基础，结合契丹习俗而建成的富有地方特色的寺院。这些寺庙在平面布局方面，或以塔院为中心，或以高阁为中心，或以佛殿为中心，各个不同，佛教发展时期寺庙平面布局均在南京出现。同时，今天的大觉寺、戒台寺还体现出辽人朝日风俗，更是其中比较独特者。

虽然辽南京城的规模不大，但在当时的中国北方仍然是一座人口稠密、市井繁华的城市。《辽史·地理志》称南京"坊市、廨舍、寺观，盖不胜书"。《契丹国志》中，北宋使臣也称辽南京"大内壮丽，城北有市，陆海百货，聚于其中"。在不断的建筑营造实践活动中，辽南京建筑技艺的水平也不断得到提高，在不少方面达到了很高的水准。在建筑的坚固耐用方面，辽南京的建筑十分突出。《金史·本纪第八·世宗下》记载，金大定二十八年（1188年），金世宗完颜雍曾对大臣们说："宫殿制度，苟务华饰，必不坚固。今仁政殿辽时所建，全无华饰，但见它处岁岁修完，惟此殿如旧，以此见虚华无实者，不能经久也。"此时，距辽亡已有60多年，距重熙五年（1036年）的那次修缮已经150多年了，足见辽宫殿建筑之坚固耐用。北京城内最古老的建筑是辽代的天宁寺塔，此塔建于辽天祚帝天庆九年至十年，即1119—1120年，距今900多年，依然屹立不倒，亦可说明其建筑水平之高。

辽南京建筑之所以非常坚固，与其在结构上的创新关系密切。据考证，辽代木构建筑中出现了类似现代高层筒体结构的木构筒体框架，并在框架中使用了斜撑构件，保证了结构整体刚性，改变了中国原有木构柱梁支架的四边形体系。另外，在一些寺庙建筑的空间处理上，为了扩展礼佛的空间，包括辽南京在内的佛寺殿宇多采用移柱或减柱的做法。甚至在七间殿宇的前内柱也只留下两根，其余均取消，使得殿内空间豁然开朗。这种移柱、减柱的做法，在结构上出现了类似现代建筑中的组合梁架，代表了一种建筑形式的创新。

金中都

宋辽末年，原来依附于辽朝生活于东北的女真族迅速崛起，公开起兵抗辽。1115年，女真领袖完颜阿骨打称帝，建国号大金，建元收国元年，定都会宁（今哈尔滨市阿城区）。

金中都的营建

金国建立后,势力迅速壮大。1120年,北宋与金订立"海上之盟",决定合力攻辽。1122年战役发动,金兵很快攻占了辽上京、中京、东京,夺取了辽大半故地。而宋军由童贯率军北上却连遭不利,反被辽援军击败。童贯为推卸失败责任,派人向金求援,金兵遂挥师三路南下,占领了燕京。宋廷只好以每年再交金国100万缗代租赋费为条件赎回燕京及山前的涿、易、檀、顺、景、蓟六州。《三朝北盟汇编》记载,金兵退出时,"大毁诸州及燕山城壁、楼橹,要害咸平之。又尽括燕山金银钱物,民庶、寺院一扫皆空。以辽人旧大臣及仪仗车马玉帛辎重尽由松亭关去"。实际上交给北宋一座残破不堪的空城。1125年,金人灭辽后,兵分两路复取燕京,燕京又落入金人之手。1127年,金灭北宋。

金复取燕京后,置燕京路,同时,将设在平州的枢密院移置于燕京。这里成为金朝在河北地区重要的统治中心。自金熙宗始,燕京作为金朝科举考试之地,成为制度。金皇统九年(1149年),海陵王完颜亮杀金熙宗自立。1153年,完颜亮将金国都自会宁(黑龙江阿城)迁至燕京,初名圣都,不久改称中都,自此,

完颜亮像

北京正式成为中国北部的政治中心和民族融汇、凝聚中心。

女真族在建筑方面开始水平不是很高。《金史·本纪》称，女真"旧俗无室庐，负山水坎地，梁木其上，覆以土，夏则出随水草以居，冬则入处其中，迁徙不常。献祖乃徙居海古水……始筑室，有栋宇之制，人呼其地为纳葛里……有国之初，都上京，府曰会宁，地名金源。其城邑、宫室类中原之州县庙宇，制度极草创"。金中都在修建过程中，更多的是学习和吸收汉族、契丹族的建筑文化。因此，金中都城是一座既采纳了中原王朝城市建设的精华，体现中国传统的国都建造理念，又展现北方民族的生活追求和地域特色的都市。

金中都的修建没有简单地因袭旧日的辽南京城，而是参照北宋都城东京汴梁的规制，进行了大规模的城市改造和扩建。完颜亮在扩建金中都城时，不是将整个城市的四面均等向外扩展，而是将其东、南、西三面向外扩展较多，使得原来偏于城市西南部的宫殿苑囿变成了整个城市的中心，形成了宫城、皇城、大城三重城垣的格局。同时，作为中原都城应该有的各种设施，如与宫殿配套的皇家园林、安葬帝王的皇家陵寝、举行各种重要礼仪活动的坛庙场所，以及从中央到地方的各级官僚衙署等等，都是参照了北宋汴京的皇城格局，从而使中都城符合了中原王朝国都的规范化标准。

据《大金国志》记载，在迁都之前，完颜亮曾派遣画工到北宋原都城东京汴梁，绘其"宫室制度，至于阔狭修短，曲画其数，授之左相张浩辈，按图以修之"。汴梁原来北宋宫室的各种建筑构件、园林装饰等,"其屏扆窗牖皆破汴都辇致于此",就连宋徽宗苦心经营的"艮岳"中的笨重的太湖石也不例外,被送到燕京。在完成新都规划后,完颜亮派张浩、苏保衡、张忠彦等人负责中都的营建。

中都城的建筑规模超过以往任何时期,从完颜亮于1151年下诏"广燕京城,营建宫室",到1153年迁都,短短的时间内完成巨大的工程,金朝征召汴京工匠参加中都建设工程,同时征调民夫80万、士兵40万,动用了惊人的人力和物力。

金中都城垣与规划

金中都的大城周长,《金史·地理志》不见记载,据《明太祖实录》记录,洪武元年(1368年)徐达命叶国珍"计度南城,周围五千三百二十八丈"。1958年,北京大学考古学家阎文儒对金中都遗址进行了考察,测量所得的四面城墙长度共18690米,合今37里有余。

大城东城垣,较辽南京城已向东扩展一里有余,位置在今宣武门大街以东,南起北京南站的四路通,北至南翠花湾,长约4510米。大城南城垣,从今凤凰嘴村的西南角向东到北京南站的四路通,长约4750米。大城西城垣南起凤凰嘴村,北至蝎子门、马连道、会城门一带,长约4530米。大城北城垣在会城门、羊坊店一线,全长约4900米。

大城的城门,据《金史·地理志》记载有13座。东边有阳

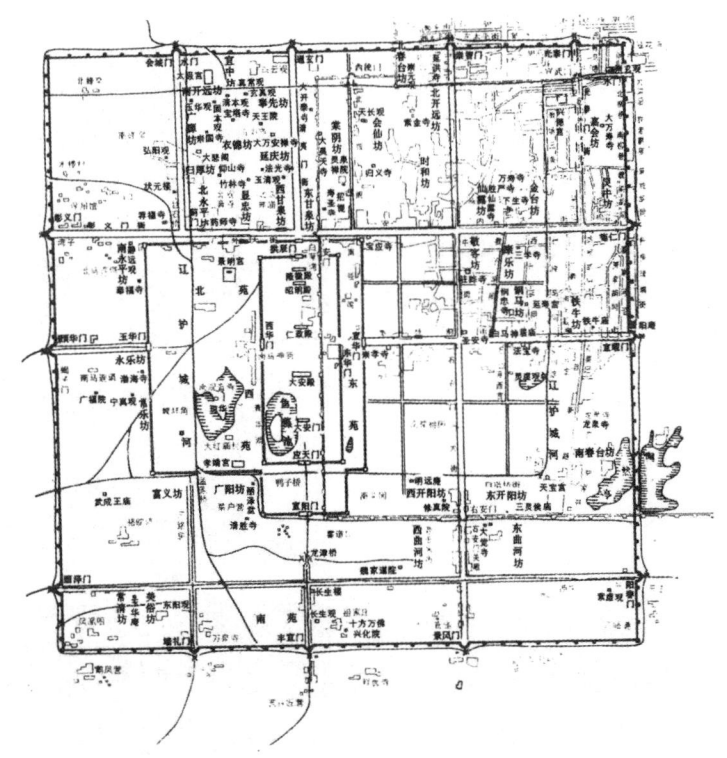

金中都总体布局图

春、宣曜、施仁三门；西边有颢华、丽泽、彰义三门；南边有端礼、丰宜、景风三门；北边有会城、通玄、崇智、光泰四门。其中北边最西的光泰门，大多数学者认为是大定十九年（1179年）大宁宫建成之后，为便于帝后游玩而新辟。

皇城是在辽南京皇城基础上扩建的，位于中都城中心偏西南（今广安门以南），呈长方形，城周范围九里三十步（约5000米）。皇城内建有宫殿，有大安、仁政等九重宫殿。据《金史·世宗本纪》称，仁政殿辽时所建，为宫殿正衙，因辽旧位置未变，但规模是仿宋汴京宫室制度,从而引起城市的扩展,不仅为新筑宫殿提供广阔的地域条件,而且在位置上使其大体居于城市的中部。此举突出了天子居天下之中的地位,基本符合传统礼制。中都皇城之内、宫城之外布置行政机构及皇家宫苑。皇城南部一区从宣阳门到宫城大门应天门之间,以当中御道分界,东侧为太庙、球场、来宁馆,西侧为尚书省、六部机关、会同馆等。这种安排是仿汴梁的布局,如左侧设太庙,右侧设政府官署、监察机关,明确地向《周礼·考工记》所确定的中国传统都城"左祖右社"的布局靠近了。金中都皇宫中宫殿林立,"瓦悉覆以琉璃,日色辉映,楼观翬飞,图画莫克摹写"。范成大在《揽辔录》亦载,"循东西御廊北行,廊几二百间,廊分三间,每节一门。将至宫城,廊即东转,又百许间。其西亦

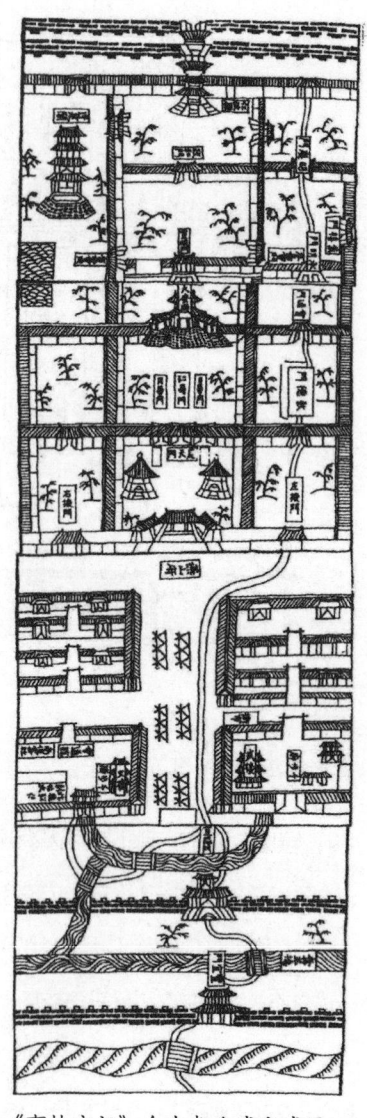

《事林广记》金中都皇城宫城图

然。亦有三门。出门中驰道甚阔，两旁有沟，上植柳。廊脊皆以青琉璃瓦覆，宫阙门户即纯用之。北即端门，十一间，曰应天之门，下开五门，两挟有数，如左右升龙之制。东西两角楼，端门内有左右翔龙门，日华、月华门。前殿曰大安殿"。清代的《日下旧闻考》称赞"其宫阙壮丽，延亘阡陌，上切霄汉，虽秦阿房、汉建章不过如是"。

金代拓展中都城之后，还修建有多座宫苑，如同乐园、广乐园、建春宫、太宁宫等。同乐园位于中都宫城西边的玉华门外（今西城区游泳池一带），又称为"琼林苑""西苑"等，内建瑶池、蓬瀛、柳庄、杏林，是金朝帝王休闲娱乐的主要场所。金代帝王举行马球和射柳比赛最多的地方是中都城南门外的广乐园，又称"熙春园""南园"。1179年在中都东北郊修建一座皇家园林，名为大宁宫（又叫太宁宫或万宁宫），即今北海公园前身。这里原是辽代的瑶屿行宫，金朝统治者选此地建苑，挖池蓄水，形成大的湖泊。又从汴京艮岳运来太湖石堆积成假山，取名为琼华岛。在岛上建广寒殿。这里的湖光山色衬托着金碧辉煌的殿宇。岛的东面树木成荫，风景宜人，故此"琼岛春阴"成为金章宗明昌年间的燕京八景之一。在西山一带，金代建有芙蓉殿，著名景观"玉泉垂虹"被纳入燕京八景之一。在香山，金世宗时又修建了香山行宫。章宗曾频繁游幸玉泉山、香山等地，京西又有名胜"八大水院"——清水院、香水院、金水院、泉水院、圣水院、灵水院、潭水院、双水院，也是在金章宗时成为西郊名胜。

在城市布局方面，金中都是在辽南京基础上拓建的，故而旧式的里坊制与新式的街巷制并存。以街巷制取代里坊制，是宋金时期城市发展的一个重要特征，金中都城的布置恰好体现了这一变动趋势。金中都城保留了部分辽南京就有的坊巷街道，有些坊被一分为二，如东开阳坊、西开阳坊等。原有的坊墙虽不复存在，但坊内设巷的规制依然如旧。据《元一统志》记载，金中都城有62坊，但街巷可以在坊的内外通过，并以坊名或名胜古迹来命名街道，小巷也可直通大街，说明这一时期坊界开始逐渐消失。经过现代考古勘查验证，与辽南京里坊中的巷布置方式不同，金中都城新拓展的部分全部为与大街正交的平行排列的街巷。

礼制与宗教建筑

金朝统治者仿汉制在中都城四郊建有天、地、日、月坛，规定有严格的祭祀礼仪。1154年，在皇城之东建太庙，内奉帝王祖先的灵位，名为衍庆宫。《大金国志》云："迨海陵王徙燕，再起太庙，标名曰衍庆之工，奉安太祖、太宗、德宗。又其东曰元庙，奉安玄祖、太圣皇帝杨割。"1167年又建社稷坛。

太庙有两重围垣，里面有朝南的一排长殿，供奉金朝先帝神位。每逢祭祀，还要将配享太庙的功臣神位，分别安放在他们生前所事皇帝的神位旁。在太庙举行的活动除了隆重的大祭之外，还有皇帝即位后的奏告仪、接受尊号后的奏告仪和恭谢仪，皇后、皇太子被册封的恭谢仪，国家行重大事务前的祷告仪等。

金代元庙（后改衍庆宫）主要珍藏和供奉金朝各位帝王的画

像。大定十四年（1174年），又仿照东汉云台二十八将图、唐代凌烟阁功臣图，把二十八位功臣的形象画在衍庆宫圣武殿的左右庑殿，此后又续补了太祖以前的功臣二十二名以及世宗、章宗时期多位功臣的画像。

金中都城内建有供奉孔子的宣圣庙，并制定了隆重的祭祀礼仪制度。在丽泽门内的皇城西部，还修建了祭祀姜子牙的武成王庙，配以管仲、张良、韩信等历代名将谋臣，金代的武将则有宗翰、宗雄、宗望、宗弼等配祀。这些都是金朝统治者尊崇中原文化的象征。

都城之外的郊坛，表现了帝王对自然力的敬畏以及古人对天体运行规律的认识。按照古代天圆地方的观念，祭天的南郊坛，位于中都南门丰宜门外，三重围垣，中有圆坛，皇帝每年冬至日来此祭祀；祭地的北郊方丘，在中都北门通玄门外，祭祀时间为夏至日。由于太阳运行的规律是东升西落，祭祀太阳的朝日坛又称大明，位于中都东北门施仁门的东南，皇帝春分日前来致祭；祭祀月亮的夕月坛又称夜明，在中都西北门彰义门的西南，祭祀日期为秋分日。

在金中都的城垣与宫殿工程完成后开始修建金陵。完颜亮选中大房山的云峰寺陵址，1155年破土动工。金陵依山营建，方圆120里。包括帝陵、妃陵、诸王兆域三个部分。帝陵共17座，自始祖以下十大帝王及太祖、太宗灵柩由上京迁葬到这里。金亡后，陵区荒芜，明天启年间又遭破坏。清代曾修葺过太祖、世宗二陵。后经多次破坏，地上建筑已荡然无存。

金陵遗址

在宗教建筑方面，金代这里的佛教得到继续发展，特别是海陵王迁都后，寺庙有增无减，僧侣越来越多。这时建造的庆寿寺，即是典型代表。庆寿寺创建于金章宗大定年间，元代又建海云、可庵二塔，故俗称双塔寺。从金代开始，该寺即很受重视，曾赐给皇太子作功德院。金代，河北地区出现的三个新道教派别：太一教、真大教及全真教，先后传入中都地区。金世宗时将太一教二祖萧道熙、真大教教主刘德仁征召至京，都被安置在天长观内。金大定年间，全真教王处一、丘处机等道士也受金世宗征召，先后来到中都天长观，奠定了此后全真教发展的基础。道教在金代的中都城，产生了广泛影响。上及帝王内廷，下至普通百姓，都受到道教文化的深刻熏陶。高大巍峨、肃穆庄严的道观庙宇，成为人们祈福祛灾、寄托精神的去处。

此外，金中都还创建了比较完备的营造管理体系。据《金史·百官志二》记载，大定七年（1167年）设修内司，"掌宫中营造事"。都城所"掌修完庙社及城隍门钥、百司公廨、系官舍屋并栽植树木工役等事"。

辽金时期建筑遗存

天宁寺塔

天宁寺塔，位于广安门滨河路西侧，是北京城区内最古老的建筑之一。

天宁寺为北魏孝文帝（471—475年）拓跋宏创建，初名光林寺。唐开元间改称"天王寺"。辽天庆九年（1119年）在寺后添建一砖砌八角形舍利塔，即现存塔。元末寺院毁于兵火，只余高塔；明初重修并扩建了庙宇，宣德十年（1435年）修葺后始改名"天宁寺"；正统十年

天宁寺塔

（1445年）曾改名广善戒坛，后又恢复了天宁寺之名；正德十年（1515年）、嘉靖三年（1524年）以及清乾隆二十一年（1756年）、乾隆四十七年（1782年）都曾重修过。1949年后，寺改为北京唱片厂，山门变成民居，殿宇用作仓库。钟鼓楼、幡、夹杆石、释迦殿、大觉殿、广善戒坛、宗师府院等均已湮没无闻；记载中的明代碑刻、铜钟、铁鼎及塔上的大小铃铎、铁灯等大都失散。离塔百米之外（两侧），已于20世纪70年代建立北京第二热电厂。1976年唐山地震时，塔刹宝珠震裂，部分瓦件下坠，后修复。塔虽经明代大修，但其结构、形状及大部分雕饰仍为辽代原物，为现存辽代密檐塔中珍迹。1988年，公布为全国重点文物保护单位。1992年，文物部门又对塔进行修缮，并将其辟为北京古塔博物馆。2003年至2004年，又修整了塔前庙宇，恢复原状。

　　天宁寺塔的修建于辽代的准确时间，过去没有定论，梁思成、林徽因推测其建于辽代末年。1992年国家拨款修缮天宁寺塔，在清理塔顶时发现一块《大辽燕京天王寺建舍利塔记》刻石，记有"天庆九年五月二十三日奉圣旨起建天王寺砖塔一座，举高二百三尺，相计共一十个月了毕"，因此可以确知天宁寺塔的始建年代为天庆九年（1119年），建成年代为天庆十年（1120年）。

　　塔为八角十三层密檐式实心砖塔，通高57.8米。塔建于一方形砖砌大平台之上，平台上是两层八角形基座。下层基座各面以短柱隔成6个壸门形龛，内雕狮头，龛间雕缠枝莲，转角处雕金刚力士像。上层略内收，每面为5个壸门形龛，龛内浮雕坐佛，龛间及转角处均浮雕金刚力士像。基座之上为平座部分，平座斗拱为砖雕仿木重拱偷心造，补间铺作三朵，平座勾栏上雕刻缠枝莲、宝相花等纹饰，平座之上用三层仰莲瓣承托塔身。塔身平面亦为八角形，第一层塔身四正面有拱门和直棂窗，门窗上部及两侧浮雕出金刚力士、菩萨、天部等像，隅角处的砖柱上浮雕出升降龙。第一层塔身之上，施密檐十三层，塔檐紧密相叠，不设门窗，不易看出塔层的高度，是典型的辽、金密檐式塔的形式。每层塔檐递次内收，递收率逐层加大，使塔的外轮廓呈现缓和的卷杀形状。塔身之上有隐作栏额和普柏坊，折角部位交叉处斫截平齐，一如辽式木构建筑做法。十三层塔檐下均施仿木结构的砖制双抄斗拱，初层补间铺作一朵，转角及补间铺作均出45度斜拱，柱头栌头之旁有附角斗。其上各层均无斜拱，补间铺作为二朵。各层塔檐的角梁均用木制，檐瓦、脊兽、套兽等装饰件则以琉璃制成。现存塔刹为两层八角砖刻仰莲，上置须弥座以承托宝珠。

天宁寺塔在整体造型和局部手法上表现了辽代密檐砖塔的建筑风格，是研究中国古代佛塔的重要实例。同时，该塔又是研究辽代南京城址地理位置的重要依据。

大觉寺

大觉寺位于海淀区北安河乡西南的旸台山麓，始建于辽咸雍四年（1068年），初名清水院。金代，此处为金章宗"西山八院"之一，后称灵泉寺。明宣德三年（1428年）扩建，并改为今名。明正统十一年（1446年）、成化十三年（1476年）又进行过两次大规模重修，但至明末清初，因年久失修，已圮毁殆尽。康熙五十九年（1720年），雍亲王胤禛出资对大觉寺进行大规模修建，并增建不少建筑及景观，形成该寺现有格局。乾隆十二年（1747年），又重修主要殿宇，还增建迦陵和尚舍利塔。民国年间，寺院荒芜，山门亦被雷击毁。中华人民共和国成立后，政府拨款对寺庙进行修缮，并于1979年将其公布为北京市文物保护单位，现作为游览场所对外开放。2006年5月25日，被国务院批准列入第六批全国重点文物保护单位名单。

寺坐西朝东，保持了辽代契丹建筑喜东向的朝日之俗。其建筑分中、南、北三路，依山就势而建，步步递高。中路为六进院落，主要建筑为山门殿、碑亭、功德池、钟鼓楼、弥勒殿、大雄宝殿、无量寿佛殿、大悲坛、舍利塔、龙潭、龙王堂等，基本保持了明代建筑法式及风格，为寺中建筑之精华。南路由四宜堂院、憩云轩、领要亭等园林建筑组成，多为清代所建；北路则为僧舍。

山门殿面阔三间，顶部建造独特，正面为四坡顶，后面则为硬山卷棚顶，拱券形门窗，山门两侧建有八字墙。弥勒殿面阔三间，灰筒瓦单檐歇山顶，檐下装饰有斗拱，门窗为壸门样式。大雄宝殿为全寺中心，面阔五间，蓝琉璃瓦歇山顶，檐下装饰有斗拱。殿内正中有一石砌须弥座，供奉三座漆金三世佛及三座漆金菩萨塑像，殿前有月台，绕汉白玉石雕护栏。无量寿佛殿在大雄宝殿之后，坐落于高大台基之上，前有带汉白玉护栏的月台，殿面阔五间，灰筒瓦单檐歇山顶，古钱菱花门窗。三座大殿及配殿，形成以大雄宝殿为中心的封闭空间。其后为大悲坛，为寺院

大觉寺山门

藏经之所，面阔五间，重檐硬山顶兽头脊，上檐下悬匾"最上法门"。大悲坛后有龙潭（灵泉），为一长方形水池，护以汉白玉石栏。龙王堂，在池西岸，重楼，面阔三间。迦陵舍利塔，又称迦陵和尚塔、大觉寺塔，矗立在大悲堂北侧全寺的最高点，高12米，是覆钵式塔，与北海永安寺白塔的形制相仿，是清代雍正年间寺内住持迦陵禅师的墓塔，建于乾隆十二年（1747年）。迦陵舍利塔塔基是两层须弥座，下面的八角须弥座刻有仰莲和伏莲纹样，在八个面中心和四周都镶嵌有砖雕，转角处的角柱上有连珠、如意等纹样，其上的圆形须弥座上刻有仰莲和伏莲，束腰处有花草图案。须弥座之上是三层叠涩金刚圈，再上是塔肚，塔肚正面开有壸门，壸门下方有一个由连珠纹装饰的座，壸门周围装饰有火焰纹样，假门上还有石刻的窗棂。塔肚上是十三层相轮，没有基座，相轮上是由伞盖和宝珠组成的塔刹,伞盖上刻有流云纹和佛字,并挂有铜铎。刹顶的宝珠上有蕉叶纹装饰。在大悲堂的西北侧有一辽代古碑,刻有天王寺志延撰写的《阳台山清水院创造藏经记》,是寺庙初建之时的宝贵文物。据碑上文字记载该寺是奉辽朝道宗皇帝及萧太后之旨于戊申年(1068年)三月所立。

大觉寺还是一处清幽别致的寺庙园林,有不少景观,如碧韵清石雕、九子一母槐、古松抱塔、鼠李寄柏、两色荷花等。

牛街礼拜寺

牛街礼拜寺位于广安门内牛街中段东侧,是北京规模最大、最古老、最著名的清真寺。

寺始建于辽统和十四年(996年),由外籍伊斯兰教人士筛

牛街礼拜寺

海那速鲁丁创立。元初曾进行扩建，明正统七年（1442年）又大规模扩建，成化十年（1474年），明宪宗赐名"礼拜寺"。清康熙三十六年（1694年），按照明代风格进行了修葺和扩建，形成现存规模，康熙帝亲题匾额"敕赐礼拜寺"，故而此寺只称礼拜寺以区别于其他清真寺。中华人民共和国成立后，政府于1955年和1979年两次拨款对寺进行全面修缮。1979年8月21日，寺被公布为北京市第二批文物保护单位；1988年，被公布为全国重点文物保护单位，并对外开放。

寺总占地面积为4523.5平方米，建筑面积为3000平方米。寺门坐东朝西，主要建筑包括大影壁、大殿、邦克楼、宣礼楼、碑亭、讲堂、沐浴室和筛海坟等。寺院规模宏伟、建筑布局集中对称，其建筑造型是以中国古代建筑风格为主，整体布局满足伊斯兰教

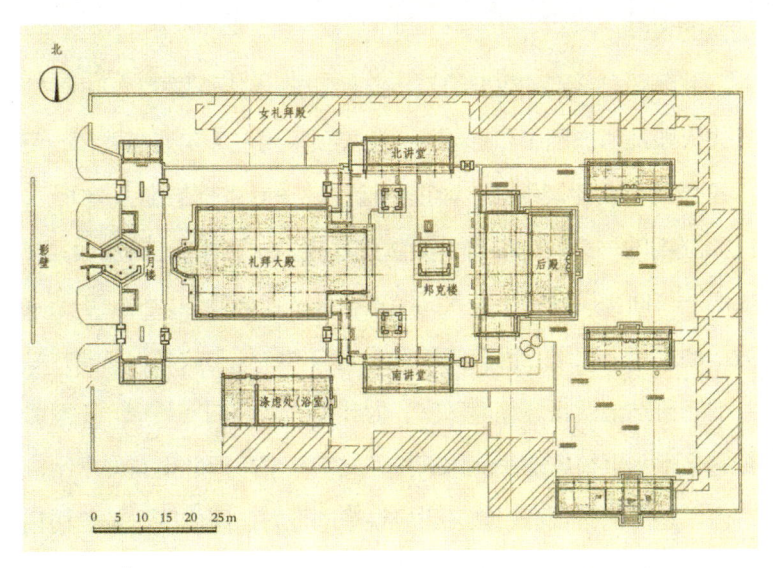

牛街礼拜寺平面图

礼拜的功能要求，并适当采用伊斯兰教的装饰艺术。

大影壁在马路西侧，汉白玉底座，灰色大方砖镶面，长40米，高5米，厚1.4米，上端起脊中有凤冠莲花装饰。正门为四柱三楼木牌楼，檐下悬金字"达天俊路"匾额，两侧有双重八字影壁和门楼通道。门内为望月楼，是伊斯兰教寺院中特有的建筑物，因中国穆斯林入斋和出斋都以望见新月为标准，此楼即用以登高望月之处。楼高10米，平面呈六角形，四周有窗，绕以围廊，黄琉璃瓦绿剪边重檐歇山顶，上有金黄色琉璃陶宝顶，檐下施以斗拱，并绘以彩画，上檐正中悬"牛街礼拜寺"匾额，原"敕赐礼拜寺"匾额已毁。楼两侧建有方形碑亭各一，重檐歇山顶，亭内立有明弘治九年（1496年）用汉、阿拉伯两种文字刻成的《敕赐礼拜寺记》石碑。望月楼与门前的牌楼、影壁组成一个庄重、瑰丽的入口。

礼拜殿是全寺的主要建筑，坐西朝东，包括窑殿、方形殿堂、东边大殿及两侧围廊和抱厅。大殿屋顶采用三个勾连搭式和一座六角攒尖亭式建筑组成，殿顶衔接处建一道垂直的半弧形影壁，成为顶部的一个特殊装饰。殿堂宏丽宽敞，五楹、三进、七层，共四十二间，可容纳上千人同时做礼拜。大殿西边为象征伊斯兰教圣地麦加之窑殿，因其内部穹隆结构形状似窑故名，其藻井绘红地沥粉贴金西番莲缠蔓图案，为典型的阿拉伯式装饰，正壁雕刻有艺术水平很高的法库体阿拉伯文字。窑殿西北侧有一木制宣讲台，是聚礼日和节日教长讲经说道的地方。殿内的梁架结构和天花板上俱施以博古、花卉和阿拉伯文组成的图案。

邦克楼在礼拜殿的正前方，又称宣礼楼或唤醒楼，为做礼拜前高声念"安赞"，登楼向教民相告时间和召唤他们来做礼拜而建，楼为重檐歇山顶方亭。左右有方形碑亭，重檐歇山顶，亭内立有《敕赐礼拜寺记》《敕赐礼拜寺重修碑记》，分别为明代弘治九年（1496年）、万历四十一年（1613年）建立，现已缺损难辨。有浴室名涤虑处，供礼拜用。大殿两侧为南北讲堂，南讲堂东有两座筛海墓，墓碑镌刻阿拉伯文，为元代遗存。

寺内文物众多，对研究寺的建造以及伊斯兰教史均有较大价值。

金中都城垣遗址

金中都在辽南京城的基础上进行了拓展。根据文献及考古发现，金中都的外城城垣略呈正方形，方圆约24公里。

其西垣在今广安门以西约两公里，南起凤凰嘴村，北至蝎子门、马连道、会城门一带，长约4530米；东垣在今宣武门大街以东，南起北京南站的四路通，经陶然亭公园、窑台、黑窑厂胡同、潘家胡同，向北直至南翠花街，长约4510米；南垣从今凤凰嘴村的西南角向东经万寿寺、石门村、祖家庄、菜户营等地到北京南站的四路通，长约4710米；北垣在今宣武门以北，东起受水河胡同，西经东西太平街至北蜂窝一带，长约4900米。元代修建大都城后，金中都旧城被称为旧南城，与新城并列。永乐迁都营造北京城，特别是嘉靖年间修建北京外城时，金中都外城城垣大多被拆除，剩余部分也逐渐荒废湮灭。

目前，在今广安门外马连道仓库、蝎子门、高楼村、凤凰嘴村一线尚有西城垣遗址，凤凰嘴村以东尚存一段南城垣遗址。据 1958 年勘测，当时城垣遗址高者 6 米有余，低者也不少于 5 米，全部用黏土夯筑而成，夯土层为 5~10 厘米不等。夯土中含有唐代青、白瓷片，宋代钧瓷、定瓷片，黑釉缸残片，辽金时代的沟纹残砖等。在凤凰嘴北的蝎子门一地，有高近 6 米、基底宽近 18.5 米、门口宽近 30 米的城门遗址。后来在城市建设和生产、生活中，这些遗址受到了不同程度的损坏，蝎子门已不见，如今只有 3 处尚存，但最大的不过 20 米长，3 米多高了。1984 年，这些遗址被以"金中都城遗迹"列入北京市第三批文物保护单位。

20世纪60年代金凤凰嘴城墙遗址

高楼村金中都西城墙遗址

有关部门还在凤凰嘴遗址附近设立了万泉公园，加强对遗址的保护、宣传与展示。

金中都外城还有一处重要遗址，是中都城南城垣下水关建筑遗址，1990年10月在右安门处玉林小区发现。

金中都拓建后，原来辽南京的西南护城河的莲花河，成为金中都的金水河，该河自龙津桥向东南流，从南垣景风门之西侧城墙经水关穿城而出。水关遗址全长43.4米，通水涵洞长21.35米，宽7.7米，北入水口宽11.4米，南出水口宽12.8米，呈"][" 形。底部过水面距现地面高度为5.6米。水关整体结构为木石结构，最底层基础密栽木桩，桩间以碎石砖瓦及砂土夯实，桩上置衬石枋，枋上铺设地面石板。桩枋以铆榫形式相连，衬枋石之间以木银锭榫相接，铺地石板与衬枋石用铁钉连接，石板以铁银锭

金中都水关遗址

榫相连。进出水口及泊岸两侧设有掰石桩。此处水关遗址，1995年被公布为全国重点文物保护单位。目前，在水关遗址上，建立了辽金城垣博物馆。

银山塔林

银山塔林，位于昌平区寿东山下庄乡海子村西南古延寿寺遗址上。地处群山环抱之中，风景优美，因崖壁陡峭多呈铁青色，所以号称"铁壁银山"。自唐代僧人邓隐峰在这里隐居以来，历代多在此建寺。唐代这里曾是名僧阐扬佛法的道场，也是当时幽州最大的寺院之一。辽、金时期，银山一带寺院大为发展，据传当时山上山下有寺院庵堂72处，其中最大寺院为延寿寺，亦称法华寺，建于金天会三年（1125年），银山塔林即为此寺院中高僧的墓塔。此外，辽、金、元、明各个时期的高僧、和尚及尼姑的灵塔，也大量分布于银山各处，数量众多，难以计数。明代以后，银山诸多寺院逐渐衰败，塔林年久失修，自然损毁坍塌者甚多，加之1941年，侵华日军的大肆破坏，墓塔数量急剧减少。

银山塔林

现只残存金代5座大塔和元明时期的10余座小塔。1958年，塔林被公布为昌平县文物保护单位，1988年公布为全国重点文物保护单位。1992年，国家又拨专款对塔林进行修缮。1996年作为文物旅游景点开放。

  5座金代大塔，分别为佛觉、懿行、晦堂、圜通、虚静等僧尼墓塔，均为砖石结构，颜色黄白相间，造型美观，分布高低错落。塔均由须弥座式基座、塔身、斗拱和塔刹组成。每座塔身的第一层，皆面南辟门，楣心嵌有塔名。中央一座是"祐国佛觉大禅师灵塔"，西南侧塔铭为"故懿行大禅师塔"，东南侧塔铭为"晦堂祐国大禅师塔"，西北侧塔铭为"圆通大禅师善公灵塔"，东北侧塔铭为"故虚静禅师实公灵塔"，并在这个砖铭左侧刻"公主寂照英悟大师独营此塔"，右侧刻"大安元年九月二十三日功毕"的铭文，建塔中唯此塔有纪年。从五塔的位置和雕刻风格看，中央一塔最早，然后按昭穆次序依世次建东南、西南、东北、西北四塔。东南方晦堂所葬之晦堂和尚名洪俊，金天会初自南方来，大定初尚在世，则中央之佛觉塔应属金初。西北之圆通塔应属于大安元年之虚静禅师塔，当金末或元初。据此可知五塔应建于12世纪上半世纪至13世纪初的八九十年间，所葬当是金中都大延圣寺的几代名僧。五塔中，中央及南侧二塔均为八角形十三层密檐塔，北侧二塔为六角形七层密檐塔。每座塔的第一层多用黄绿琉璃瓦剪边和琉璃脊兽，在瓦脊上分别装饰有力士、天王、仙人、大鹏金翅鸟等。其中居中的佛觉禅师塔最高，为22.8米。造型最精美的为南排西侧的懿行大师塔，塔高18米，平面作八角形，塔基座由须弥座和斗拱勾栏平座构成，须弥座高1.7米，每边长2.2米，雕饰狮头、宝瓶等花纹，束腰部分为青砖叠砌，平座斗拱为平身科一斗三升斗拱三攒，平座上层为仰莲承托塔身。塔身八面设仿木砖雕门窗，门券上各雕飞天，八隅为砖雕圆柱，顶端为阑额普拍方，每面隐施单抄四铺作斗拱一朵以承塔檐。檐十三乘，上用筒瓦、勾头滴水，各角置垂脊、垂兽、小兽，每层均以叠涩手法向外展砌五层以代檐椽，檐角系以铜铃。塔檐向上逐层收减，形成丰满有力的卷杀；塔顶为宝月承珠塔刹。其余4座大塔的细部雕刻虽有不同，但大体相同。

另外，在10余座元明墓塔中，有两座元代砖塔，体量虽小，但独具特点。其一为密檐式，檐下施砖刻斗拱，塔的平面每边均呈内向弯曲的弧线，富有曲线美；另一则为密檐楼阁以及覆钵式相组合的塔。

塔林对研究中国北方地区佛教发展史和佛教建筑工艺技术，具有重要历史价值。

卢沟桥

卢沟桥位于丰台区境内，横跨在距北京西南15公里的永定河上，是北京年代最早和整个华北地区最长的一座联拱石桥。

卢沟桥始建于金代。据《金史·河渠志》记载，金世宗于大定二十八年（1188年）五月诏令修造石桥，可惜未及付诸实现，他便于次年正月病逝。金章宗完颜璟即位后，于大定二十九年（1189年）六月"复以涉者病河流湍急，诏命造舟，既而更命建石桥"。明昌三年（1192年）三月建成，命名广利桥。后因河而称卢沟桥。

元代，意大利人马可·波罗在《马可波罗行记》中写道，在元大都附近有一条普里桑干河（即永定河），"商人利用河流运输商货者甚夥。河上有一美丽石桥，各处桥梁之美鲜有及之者。桥长三百步，宽逾八步，十骑可并行于上"。桥的"建置甚佳"，桥

卢沟桥

两旁的石栏，石柱皆有石狮，"甚巨丽，雕刻甚精"，"颇壮观也"。这是最早介绍卢沟桥的西方文献，西方学者往往也将卢沟桥称作"马可波罗桥"。明、清年间曾数次重修，尤以清康熙、乾隆年间的修葺工程为最。桥梁的建成，对于金王朝在军事、交通等方面均起着十分重要的作用。乃至后代的元、明、清和民国时期，桥亦仍然居于拱卫北京城、沟通南北东西的战略地位，自古即为南北方交通的重要枢纽。

桥为联拱石桥，全长266.5米，宽9.3米。桥体全部用花岗岩及青石砌筑，关键部位均有银锭铁榫连接，坚固无比。桥体共有11拱券，拱洞由两岸向桥中心逐渐增大，拱券跨径从12.35米至13.42米不等，桥身中央微微凸起93.5厘米，坡势平缓。桥墩呈船形，迎水一面呈尖形，并安置有三棱形铁桩，用来分水破冰，称"斩凌剑"，以保护桥墩。其下游一侧，则是方形凤凰台。桥面两侧设有石护栏。北侧石栏杆有望柱141根，其中桥身上有望柱109根（含角柱），两端八字栏杆望柱各为16根。南侧石栏杆望柱为140根，其中桥身上有109根望柱，西端八字栏杆望柱为16根，而东端八字栏杆望柱为15根。望柱间距约1.8米至2米，柱高1.4米。柱间各嵌石栏板，栏高约0.85米。栏杆全部用青石雕作而成，栏板上薄下厚，上面为平顶八字寻杖，内侧雕有云拱瘿项，凹心不镂空和盆唇，下部有上下枋、立柱和海棠池雕线，两端与望柱相接。望柱方形，下端插入地伏，两端与栏板对接。柱身上部有方形柱，柱头的造型均为形态各异、栩栩如生的大小石狮，共计有498只（一说501只）。由于望柱大狮子所背小狮子有不少比较隐蔽，难以数清。因此，从明代起，北京就有歇后语称，卢沟桥的狮子——数不清。

卢沟桥的"卢沟晓月"为"燕京八景"之一，经过乾隆御制题刻"卢沟晓月"碑后更加显扬。卢沟桥东西两端各有两通碑，著名的"卢沟晓月"碑、乾隆诗碑位于桥东，康熙皇帝书写的修复卢沟桥简记御碑以及乾隆"重葺卢沟桥记"碑位于桥西。这些石碑曾都有碑亭，民国年间因年久失修危及行人，遂将"卢沟晓月"碑

卢沟晓月碑

和"乾隆诗"碑改成无顶框架式碑亭，另两座碑亭拆去未建。在桥头两侧还立有华表，每端两根，共4根。华表高4.65米，华表顶部雕有石兽，桥东华表上踞石狮，西边则上刻大象。从雕刻和石质分析，华表建造年代应为金代，但在后来进行过整修。这些石雕，充分体现了中国古代精湛的石雕艺术。

卢沟桥不仅是中国古文化艺术的精美佳作，而且也是近代史上日本帝国主义入侵中华民族的历史见证。震惊世界的七七事变就发生在这里，中华民族从此揭开了全面抗日的序幕。如今，卢

沟桥作为中华民族不屈不挠、抗战救国的象征永载史册。1961年，卢沟桥被列为全国重点文物保护单位。1971年，为了保护卢沟桥，在附近修建了新桥。1986年，有关部门将卢沟桥上加铺的柏油以及拓宽的桥面拆除，恢复旧观，同时将机动车的通行移至紧邻的卢沟新桥与之后修建的京石高速公路。

元代北京建筑

今天的北京城最早奠基于元大都，其全国政治文化中心的地位，也同样是从元大都开始确立的。元大都还是中国帝王专制时期最后一座按照既定的规划平地创建的都城，以其完整的规划和宏大的规模，跻身世界城市之巅。

元大都的营建

元太祖十年（1215 年），蒙古军队经过三次大规模军事进攻后，最终攻占了金中都。蒙古人废除了中都之名，恢复燕京旧称。

忽必烈定都大都

1260 年 5 月，忽必烈在开平（今内蒙古正蓝旗东闪电河北岸）即位称汗。6 月，正式建年号"中统"。至元元年（1264 年）八月，在取得与阿里不哥皇位争夺战胜利以后，忽必烈改燕京为中都，时隔近 50 年，燕京再度成为都城。

忽必烈 (1215—1294)

燕京再度成为都城，一方面是忽必烈以此为后方基地取得了皇位争夺战的胜利，另一方面也与汉蒙谋士不断建言有关。《元史》记载，蒙古贵族霸突鲁曾对忽必烈说"幽燕之地，龙盘虎踞，形势雄伟，南控江淮，北连朔漠。且天子必居中以受四方朝觐，大王果欲经营天下，驻跸之所，非燕不可"。汉族谋士郝经等人也提出了"都燕"的建议，理由是"燕都东控辽碣，西连三晋，背负关岭，瞰临河朔，南面以莅天下"。

至元四年（1267年），忽必烈下诏修建中都。至元八年（1271年），忽必烈正式改国号为大元。以大元替代"大蒙古国"，是忽必烈对自己是多民族国家统治者的认识，也是其推行汉法的标志。至元九年（1272年），忽必烈改中都新城为大都，成为全国政治文化中心。

元大都的营建，并未像以往各个朝代那样，在蓟城旧址上扩建改造，而是在金中都旧城的东北方向另建新城。

忽必烈决定另建新城的原因主要有两个：一是燕京城过于残破；二是燕京的水源地莲花池水系水量不足。

经历金末战乱以及1227年燕京地区大地震后，燕京城的城垣、宫殿及其周围的皇家园林均遭到严重破坏，已经不可能恢复到原来的面貌了。南宋端平元年（1234年），在南宋使臣眼里，昔日繁华的"亡金宫室，瓦砾填塞，荆棘成林"。经过将近50年的时间，许多金皇家宫室和园囿已经变成了普通民居。假如仍在燕京修建宫城，不仅没有旧的宫殿、园囿可再资利用，而且还需要拆除大量民居，这样做的工程量远远要高于择地另建。

在北京城发展初期，莲花池水系基本上可以满足城市各个方面的用水需求。但随着北京地区经济的发展，特别是成为都城以后，人口激增，宫廷和园林点缀用水的需要与日俱增，莲花池有限的水源已经远远不敷使用。燕京城内的水质也不断恶化，文献亦有"旧燕土泉疏恶""水率咸苦"的记录，开始变得不适宜居住。加之，都城的漕运对水的需求更加巨大。因此，另找水源地成为非常急迫之事。

　　此外，在燕京城的东北面，金代统治者曾经修建了一组规模较大的离宫，称为大宁宫。在蒙古军队攻打金中都时，大宁宫受损不大。忽必烈驾临燕京，大多驻扎于此。至元元年（1264年）二月，忽必烈就开始修建琼华岛（今北海公园白塔岛）。在中都工程尚未开工，就修建琼华岛，说明忽必烈对此处的钟爱及倾向于以此为中心另修新城的。事实上，此处地势高爽，地形平整宽阔，适合建筑大型城池。而燕京城东、南地势低洼，沼泽池塘密布，燕京西北则有浑河（即永定河）流过，经常泛滥成灾，都不是理想的城址选择。

琼华岛

　　大宁宫周围水面较大，上游还有海子（今积水潭）和高粱河，水资源比较丰富且未被污染。中统三年（1262年），元代著名科学家、水利学家郭守敬就已经向忽必烈提出改造中都旧闸河,导引玉泉山泉水以通漕运的方案并得到了批准。城市各种用水以及漕运问题均得到了解决。新城选址以大宁宫为中心的方案,得到了忽必烈的批准。

也有学者认为,从风水角度看,西北地势更高,有利于镇压前朝的王气,也是大都设计者刘秉忠的考虑之一。李淑兰《北京史稿》有:"琼华岛是中都一带的制高点,以此处建城有'镇压'住前朝的用意。"

元大都的营建

在确定新址的同时,营造新都的各种机构也陆续筹备到位。中统元年(1260年),"建两京殿宇,始置司以备工役",所置祗应局,下设油漆局、书局、销金局、裱褙局等。二年,置修内司,"掌修建宫殿及大都造作等事",下设大、小木局,泥厦局,车局,妆钉局,铜局,竹作局,绳局等。还设有养种园,"掌西山淘煤、羊山烧造黑白木炭,以供修建之用"。除此之外,新都周边的路府如真定路、东平路、保定路、大同路等也成立管匠官等相关衙署,直接隶属于宫殿府,为其调集各地工匠前往营建新都服务。

元大都的营建工程,是在忽必烈亲自掌握和指导下,由刘秉忠具体负责工程的规划、设计与建造。《析津志》载:"其内外城制与宫室、公府,并系圣裁,与刘秉忠率按地理经纬,以王气为主。"除了刘秉忠以太保领中书省而全面负责大都兴造以外,具体负责指挥修建工程的还有张柔、张弘略父子，行工部尚书段桢（段天佑，蒙古人也速不花，尼泊尔工匠阿尼哥等，大食人也黑迭儿负责宫殿的设计与建造，郭守敬负责水系建设。其中，段桢所发挥的作用巨大。他担任工部尚书、大都留守、达鲁花赤等职务历30余年，不仅自始至终参与了大都建设，大都建成后相当一段时间内的城墙、宫殿、官署等维修与增建工作也是由他经管的。

刘秉忠像

为了使皇城处于整个都城的中心靠南的位置，刘秉忠等人在即将开工的新都城的中央设置了"中央之台"的坐标。据元末曾任大都路儒学提举的熊梦祥所著的《析津志》记载："中心台在中心阁西十五步，其台方幅一亩，以墙缭绕。正南有石碑，刻曰"中心之台，实都中东、南、西、北之中也。"通过中心台，大都的城垣、建筑布置有了定位的参照点，从而大大提高了营建的精度。

大都城的营建，从至元四年（1267年）旧历正月开始兴建，到至元三十年（1293年）基本完工，历时近30年。主要工程分为宫殿、城池、河道三项，初期主要进行宫殿建筑，1274—1276年间，基本建成皇城和宫城。1283年建成大城，整体竣工在1285年。1293年最后完成通惠河工程。大都建成以后，将原燕京城中贵族官吏以及富有者先行迁入新城。《元史·世祖纪》记载："至元二十二年二月壬戌，诏旧城居民之迁京城者，以高及居职者为先，乃定制以地八亩为一份。其或地过八亩及力不能作室者，皆不得冒据，听民作室。"

在大都建设过程中，燕京旧城发挥了建设基地的作用。但在大都建成后，旧城与新城并用，不少街市、居民区以及寺庙、治安司法机构等仍有保留，一直延续到明朝。新旧城并用在各城门之间形成的斜径便道，逐渐演化成街道，如今北京宣武门外地区众多的斜街，如棕树斜街、杨梅竹斜街等即由此而来。

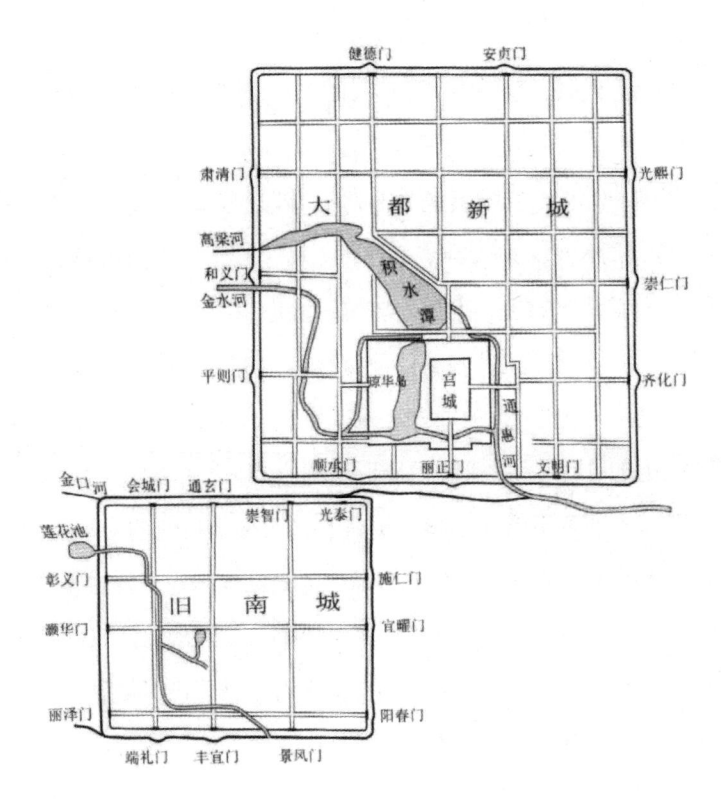

元大都新城与旧南城示意图

元大都的城垣与城门

元大都有三套方城,最外为大城,中间为皇城,宫城最内。

大城城垣

元大都大城,是一座南北略长的矩形城垣。《元史·地理志》、陶宗仪《南村辍耕录》均记载"城方六十里"。经实际勘测,北城墙长6730米,东城墙长7590米,西墙长7600米,南墙长6680米,周长为28600米,折合为57.2里,与所记基本吻合。

元大都大城城垣,为夯土城墙,墙垣基座宽24米。根据考古经验,城墙的底宽、墙高和顶宽比例为3∶2∶1。可知,大都土城的高度为16米,顶部宽8米。底宽上狭的构筑形式,可以使城垣更加稳定。《马可波罗行记》称大都城,"墙底宽约十步,向上递减,顶宽不超过三步,所有的城垛都是白色的"。一方面印证了大都土城的形制,另一方面白色城垛也体现了蒙古族的审美爱好。土城外侧,为了加强防御,每隔一定距离修建马面(明清时称墩台)一个,上建敌台楼橹。今日土城遗址,每隔百米左右就有一个向外凸出的大墩台,即为昔日之马面轮廓。

为了加固城墙在夯土中加了永定柱(竖柱)和纴木(横柱),

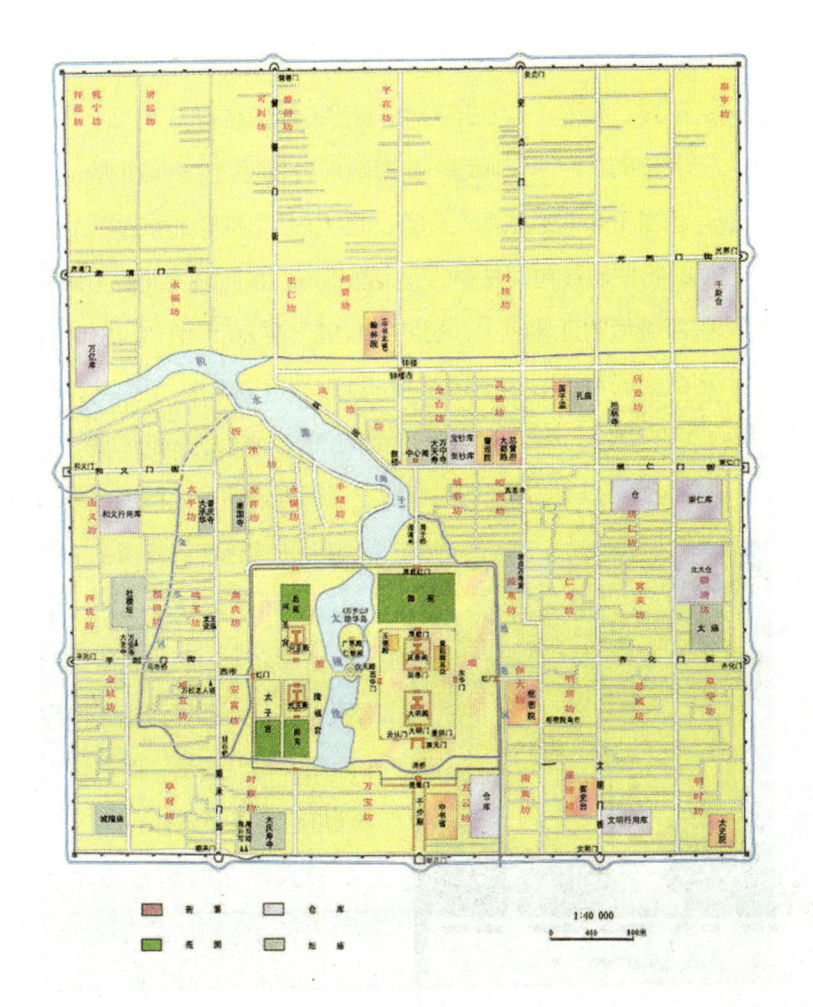

元大都平面图

城墙顶部还安有半圆形瓦管，供防雨排水之用。为了防止雨水对城墙的破坏，元代采用了"苇编蓑城"的办法。《析津志》载："世祖（忽必烈）筑城已周。乃于文明门外向东五里，立苇场，收苇以蓑城。每岁收百万，以苇排编，自下砌上，恐致摧塌，累朝因之。"

元代中期，此举宣告中止。《析津志》云："至文宗，有警，有谏者言，因废。此苇止供内厨之需。每岁役市民修补。"

元大都的东西两侧城垣，其南段与明清北京东西城垣的位置一致，相当于今北京东西二环路。在 1969 年拆除北京东西城垣的时候，曾发现被包砌其中的元大都城垣。东西城垣北段土城在明清东西城垣的延伸线上，长度约 5 里。在 20 世纪 70 年代初，北京市文物局考古队的《元大都的勘查和发掘》中尚称："东西两面城墙的北段，至今地面上犹有遗迹，即今北京北郊的所谓'土城'。"如今，东城垣北段的城墙遗迹已很难辨识，西城垣北段的土城仍断续存在。乾隆手书的"蓟门烟树"碑矗立在西城垣土城遗址之上。明光桥路口西南侧尚存元大都肃清门（俗称小西门）瓮城遗址，西城垣水关遗址也是重要遗存。

元大都南城垣在今北京东西长安街南侧，自古观象台至鲤鱼胡同之东西一线。今北京建国门南侧的古观象台，经考古勘查证明即元大都城的东南角。元大都南城垣在西段一处略有凸出，凸出的痕迹，在 20 世纪 50 年代长安街展宽之

蓟门烟树碑

前仍可以很清楚地看到。据记载，在燕京城东北有座著名的寺庙庆寿寺，寺内有高僧海云、可庵的墓塔。为保存两座宝塔，忽必烈"敕命远三十步许，环而筑之"。庆寿寺其旧址在今北京电报大楼西侧，寺早在明朝时已不复存在，双塔一直保存，直到在长安街展宽的过程中被拆除。

元大都城的北城垣在今北京安定门和德胜门外五里左右小关一带的北土城。《顺天府志》曾记载："元之都城，视金之旧城拓而东北。至明初改筑，乃缩其东西以北之半面而小之。今德胜门外有故土城关，隆然坟起，隐之曲抱，如环不绝，传为北城遗址。"这一带，至今仍有断断续续的城垣遗址存在，其中健德门瓮城遗址以及北土城水关遗址等均清晰可辨。

庆寿寺双塔

元大都大城的四隅皆有角楼，除了现在作为古观象台的东南角楼外，海淀区黄亭子一带西北城角的遗址尚存。另外，在元大都大城城垣上还建有水关。文献记载有七条泄水渠，在城垣北部发现有三处泄水水关，位于海淀区花园路口东南角的水关是保存最完好的一座。大城周围有宽阔的护城河环绕。北土城附近的小月河，是当年大都北城垣外护城河，至今宽尚有 7.5 米，可见当年之宽深。

元朝大都城街道分为 50 坊,"如同一棋盘"。街道几乎都是东西南北向笔直的(以东西向为主)相对的城门之间都有干道相通。中轴线上亦有一条主干道,是御道,宽 28 米。其余干道 25 米。干道两侧又等距离排列着许多街巷和胡同,一般胡同宽 6~7 米。目前,位于西城区的砖塔胡同,为北京城现存最早的胡同。新建的大都城已经废除了此前金中都的城市主体被高大坊墙阻隔的封闭模式,成为一座完全开放式的都城,城门、城墙、胡同、四合院成为整个都城的景观要素。

1957 年,元大都土城遗址被公布为北京市文物保护单位,2006 年被公布为全国重点文物保护单位,目前以"元大都土城遗址公园"对外开放。

元大都土城遗址公园

大城城门

大都大城四面共辟有十一座城门。南城垣三门，正中为丽正门（今正阳门北天安门以南，人民英雄纪念碑处），东为文明门（又称哈达门、海岱门，今崇文门北东单），西为顺承门（今宣武门北西单）；东城垣三门，南为齐化门（今朝阳门）、中为崇仁门（今东直门）、北为光熙门（今北京东城区和平里东光熙门）；西城垣三门，南为平则门（今阜成门）、中为和义门（今西直门），北为肃清门（今海淀区学院南路西端小西门，邮电大学西侧）；北城垣两门，东为安贞门（今安定门小关，南现有三环安贞桥），西为健德门（今为德胜门小关）。

这种不对称的城门布局，与唐长安城、金中都等每面三门的设计不同，也不符合《周礼·考工记》"旁三门"的要求。对于北城垣设计为两门的原因，侯仁之主编的《北京城市历史地理》认为可能是受到阴阳术数学说影响。"大都只建十一门，不开正北之门。这可能是因为刘秉忠奉邵雍之说"。北宋邵雍的《皇极经世书》有，"离南坎北，当阴阳之半为春秋昼夜之门也……阳主赢，放以天之南全见，而北不全见，东西各半也"。北面省去一门，以示"北不全见"。另外，依八卦方位，北为坎，《易经·说卦》以为"坎为隐伏"，其方位"重险，陷也"，所以不开城门。

大城各个城门，除了南垣正门丽正门以外，均只有一个门洞。《析津志》记载："丽正门，门有三。正中惟车驾行幸郊坛则开。西一门，亦不开。止东一门，以通车马往来。"考古工作者通过对肃清门和光熙门基址进行钻探时发现，两座城门是被火焚毁的，大量的木炭屑和烧土的堆积层表明大城的城门建筑仍然是沿用唐宋以来的"过梁式"木构门洞。门洞两壁排立木柱，木柱上再搭架梁、枋、椽、板，门洞上部作扁梯形。1969年修建地铁工程时，在西直门箭楼下发现被明城墙包筑在内的元大都城西垣和义门瓮城城门遗址。瓮城城门高22米，门洞长9.92米，宽4.62米，内券高6.68米，外券高4.56米，门砧石上还遗留承门轴的半圆形铁球"鹅台"。瓮城门洞内青灰皮上有带"至正十八年（1358年）"内容的题。瓮城门洞结构是"砖券式"与城门的过梁式明显不同，而与明清北京城门洞大致相仿。但门洞顶部砌的四层砖券，只有一层半与左右支重墙衔接，说明当时技术还不够熟练，处于过渡时期。瓮城墙体表面敷以小砖，城顶地面铺砖，原有城楼但明初毁去。经专家复原，箭楼做成地堡式，两侧的两间小耳室是进入城楼的梯道。瓮城顶部正中偏西有两个小型砖砌的蓄水池，池上覆盖凿有五孔的石板，是向水池注水的入口。水池旁有一

和义门瓮城城门遗址

流水沟，分三个漏水孔，穿过瓮城顶部而向下流到木质城门扇之上，用以阻止敌人焚烧城门。这种专门设计的灭火设备，是以往城门建筑未曾见过的新资料。

大都皇城建筑

皇城位于元大都城内偏南的位置，皇城之内，以太液池为中心，以琼华岛为制高点，环列三大建筑群，即宫城、隆福宫和兴圣宫。

皇城集雄伟的城阙宫殿和优美的自然风景于一体，表现出游

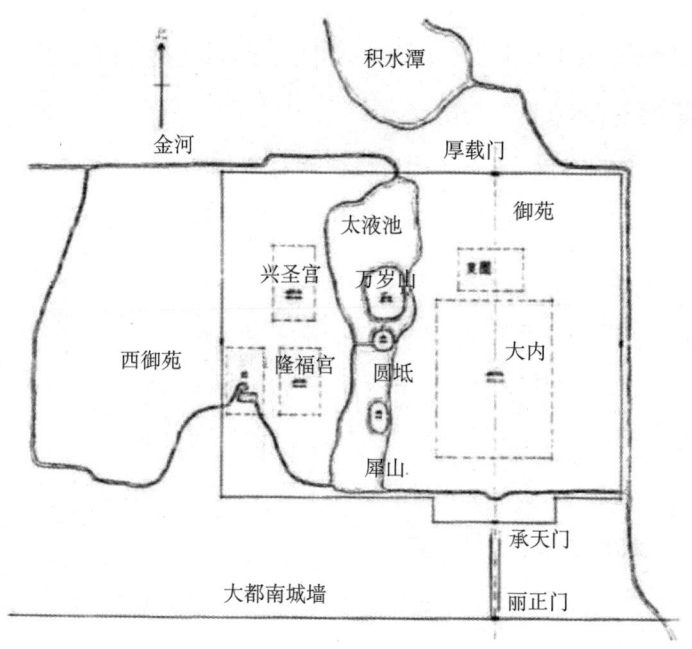

元大都皇城平面示意图

牧民族围着水源居住的游牧文化特色。吴节在给萧洵《故宫遗录》作序称赞大都皇城,"门阙楼台殿宇之美丽深邃,阑槛琐窗屏障金碧之流辉,园苑奇花异卉峰石之罗列","天上之清都,海上之蓬莱,尤不足议喻其境也"。

皇城的城墙,又称"萧墙",因墙上大门为红色,故俗称红门阑马墙。《故宫遗录》载:"门建萧墙,周回可二十里,俗呼红门阑马墙。"经考古人员实地测量,皇城东西宽 2000 米,南北长 2400 米,实际周长大约是 8.8 公里,与萧洵所记基本吻合。皇城城垣的四至分别是:东墙在今东城区南、北河沿大街西侧之南北一线;西墙在今西城区西皇城根大街之南北一线;南墙在今东、西华门大街稍南之东西一线;北墙在地安门大街南之东西一线。皇城城垣的具体构造,元大都考古队《元大都的勘查和发掘》有"墙基宽约三米左右"的记录。

皇城的城门,据《南村辍耕录》"外周垣红门十有五",应有 15 座门。其中皇城正南门为灵星门,又作棂星门,位置在今北京故宫午门附近。灵星门有三条门道,向北过周桥到达宫城的崇天门,向南经千步廊连接丽正门。《析津志》载:"崇天门,正南出周桥,灵星三门分三道,中千步廊街,出丽正门。"元大都继承了金中都的千步廊以及由千步廊和宫门前空间所围合的"T"字形广场的做法,但两者的位置发生了变化,金中都在宫城之前,而元大都则改到了皇城之前。

太液池西岸的隆福宫于至元十一年(1274 年)开始动工。原为忽必烈的皇太子真金宫室,俗称"东宫"。至元三十一年(1294

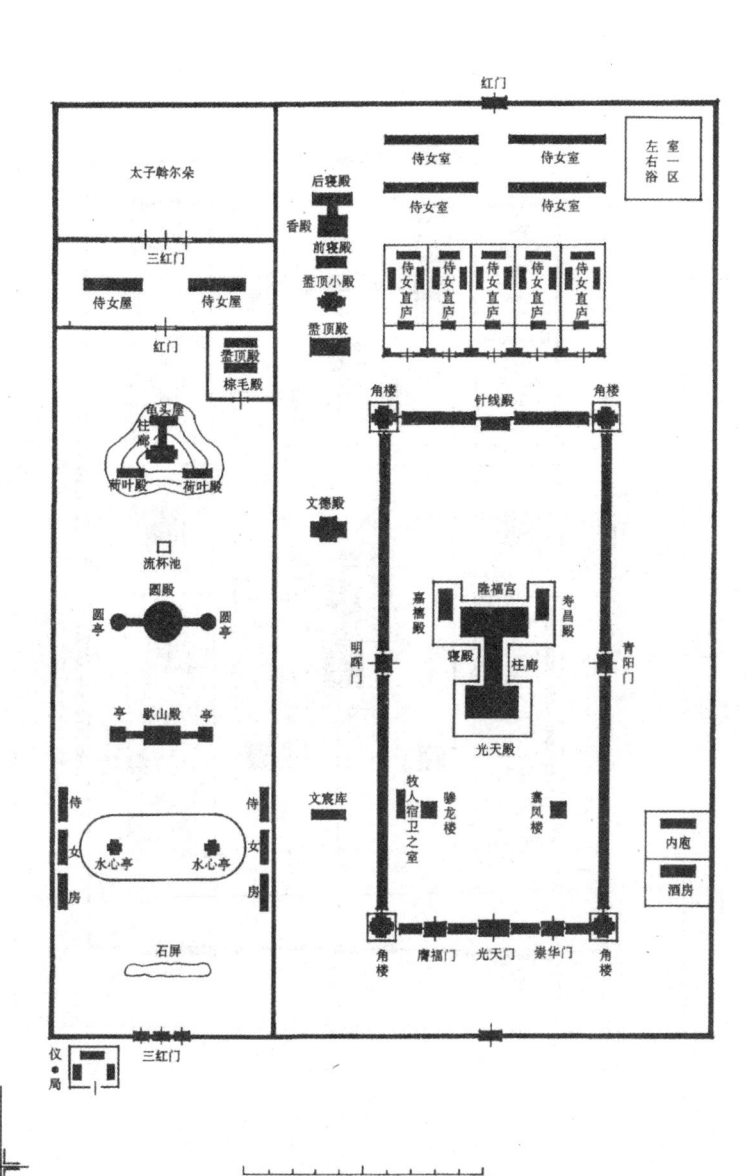

隆福宫图

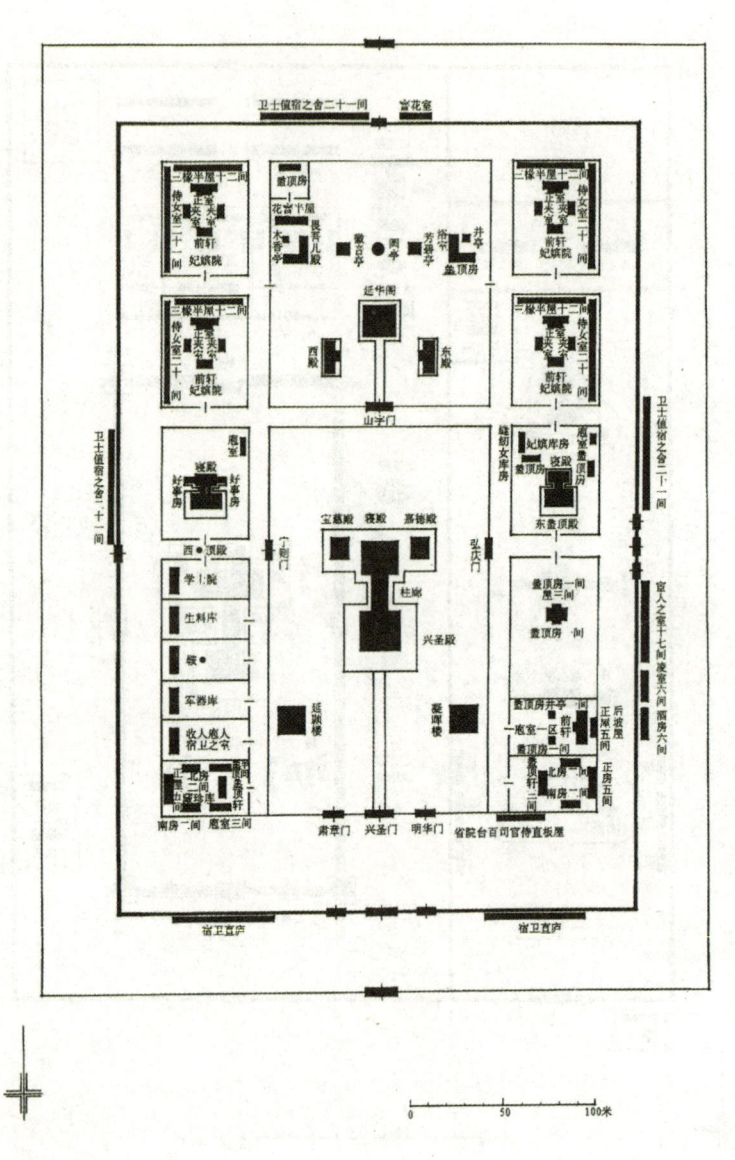

兴圣宫图

年),更名为隆福宫。隆福宫的建筑格局大体与大明殿、延春阁两组建筑相似。主殿为光天殿,殿后也设有寝殿,寝殿东为寿昌殿,西为嘉禧殿。寝殿后为针线殿。四周也建有回廊,回廊南、东、西三面开门,东西回廊上还建有小楼。回廊之外另建有睿安殿、文德殿、鹿顶殿、香殿等建筑,其西则有西御苑。

隆福宫后面的兴圣宫始建于至大元年(1308年),至大三年(1310年)建成,系元武宗为其母昭献元圣皇后所建。其主体建筑为兴圣殿,殿后有寝殿,寝殿东为嘉德殿,西为宝慈殿。寝殿后有山字门,门内有延华阁、畏吾儿殿等建筑。兴圣宫四周亦有围廊,南、东、西三门开门,东西围廊上也建有小楼。

太液池中,另有两组建筑,其一是万岁山上以广寒殿为主体的一组宫殿,其二为建在瀛洲(今北海团城)之上的仪天殿。

元大都的宫城与宫殿建筑

宫城

元大都宫城,位于皇城东部,太液池东岸,南门外有防守驻军用的宿卫直庐,北门外为御苑。《南村辍耕录》称,宫城"周回九里三十步,东西四百八十步,南北六百十五步"。考古工作

106 / 北京古代建筑

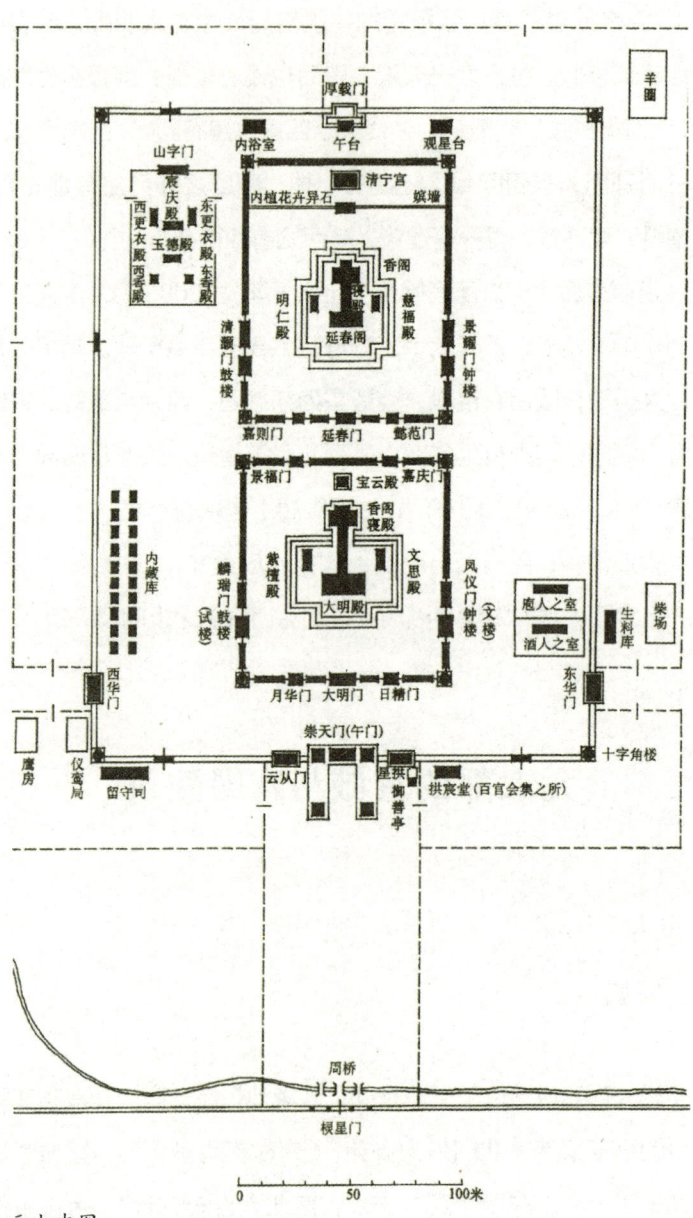

元大内图

者经过实测，元大都宫城南北距离 1000 米，东西相距 740 米，与《南村辍耕录》所记基本相当。

大都大城为土城，宫城则为砖城。《南村辍耕录》记录城垣"高三十五尺，砖甃"。《马可波罗行记》称，宫城城垣"此墙广大，高有十步，周围白色，有女墙"。20 世纪 60、70 年代，元大都考古队曾发现过大都宫墙遗址。"宫城的墙基，由于明代的拆除改建，保存不好，残存的最宽处尚超过 16 米以上"。

宫城的南垣在今故宫太和殿的东西一线；北垣在今景山公园少年宫前东西一线；东西两侧城垣大致在今故宫东西垣附近。宫城设有六座宫门：南垣设三门，正中的崇天门为宫城正门，其左（东）百步有余为星拱门，其右（西）为云从门；宫城北门为厚载门；东西两门分别为东华门、西华门。宫城四面建有角楼。崇天门和厚载门的连线，向南北两端延伸，为元大都城的中轴线所在。

宫城的平面布局，根据"前朝后寝"（"外朝内廷"）的原则，在宫城的中心线上，均衡地分为南北两组由许多大型建筑构成的院落。南面（前朝）以大明殿为主体建筑，北边后寝则以延春阁为主。

宫城内建筑十分华丽壮观，使用了许多稀有的贵重材料，如紫檀、楠木和各种色彩的琉璃等，宫门、宫殿及其相关廊屋均进行了豪华的修饰。《南村辍耕录》载："凡诸宫门，皆金铺、朱户、丹楹、藻绘、彤壁、琉璃瓦、饰檐脊""凡诸宫殿乘舆所临御者，皆丹朱琐窗，间金藻绘""凡诸宫周庑，并用丹楹、彤壁、藻绘、琉璃瓦、饰檐脊。"朱偰的《元大都宫殿图考》认为："以元代宫阙，实为明清宫殿制度之滥觞；其高明华丽，且又过于后代。元固起自漠北，混一欧亚，当年太祖、世祖，叱咤风云，其气度自与他代不同。"并将元大都宫城与明清紫禁城进行比较，认为在宫殿规模、宫门制度、建筑技艺等方面，元大都宫城要略胜一筹。

宫殿建筑

元朝的宫殿较前代有所发展和创新，呈现出独特的建筑风貌。在吸收汉族传统宫城布局架构和园苑造景方面经验的同时，大量吸收边疆与异域的建筑文化，并将蒙古人特有的生活方式、审美要求、宗教信仰等因素赋予其中。

元代宫殿以汉地传统殿堂建筑为主，同时在皇城之内还建有不少其他风格的宫殿。如以鬃毛覆顶的鬃毛殿，异域风格突出的盝顶殿、畏吾尔殿、"温石浴室"以及"通用玻璃饰"的"水晶圆殿"等。皇宫之中散布着一些纯蒙古式的帐幕建筑，这些帐幕规模巨大装修华丽，称为"帐殿""幄殿"（蒙古语称"斡耳朵"）。在皇城内也开拓出大片空地，用以驻扎毡帐，安放毡车，以备春秋两都巡幸之时所用。

在殿宇的内部装饰方面，蒙古族的色彩更加浓厚。尽管殿宇的外观大多为汉族式样，但室内地面普遍铺设厚地毯，凡属明露于外的木构部分，皆用织造物加以遮盖，墙壁上挂毡毯和毛皮、丝质帷幕等，壁画、雕刻的题材和风格很多源自喇嘛教。《故宫遗录》记载有，"内寝屏障重复帷幄，而裹以银鼠，席地皆编细簟，上加红黄厚毡，重复茸单"。在许多大殿，如大明殿、广寒殿等，御榻前均有大型酒瓮陈列，反映了蒙古族喜豪饮的习俗。如今在北海团城陈列的渎山大玉海，即是当年广寒殿中酒瓮。

崇天门，又称午门，位置与故宫今太和殿相当。崇天门规模宏大，为宫城各门之冠。《南村辍耕录》载："正南曰崇天，十一间，

崇天门立面复原想象图

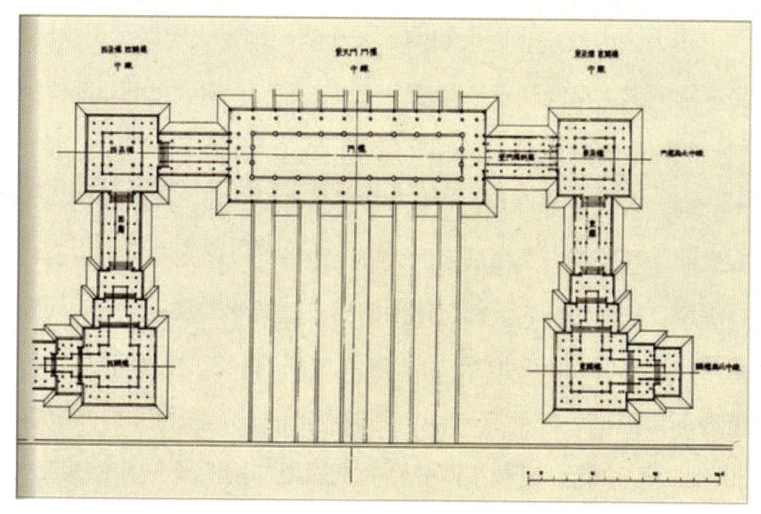

崇天门平面复原想象图

五门。东西一百八十七尺,深五十五尺,高八十五尺。左右趓楼二,趓楼登门两斜庑,十门,阙上两观皆三趓楼。连趓楼东西庑,各五间。西趓楼之西,有涂金铜幡竿。"《故宫遗录》载:"崇天门,门分为五,总建阙楼其上。翼为回廊,低连两观。观傍出为十字角楼,高下三级。"傅熹年根据上述记录,并结合唐长安承天门、北宋汴京宣德门、金中都应天门等,对崇天门形制进行复原。他在《元大都大内宫殿的复原研究》一文中认为,崇天门也是凹字形平面,门楼东西有斜廊各五间,下通到两观(趓楼),自东西趓楼向南各有五间廊庑,通凸出宫城之外的阙,阙是三重子母阙。母阙和转角处的两观本身都是重檐十字脊的枋形建筑,二子阙是附在母阙东西外侧依次缩小的两个附属建筑。另在母阙北面也同样凸出两个依次缩小的附属建筑。西趓楼之西,有涂金铜幡竿,是忽必烈应帝师八思巴的要求设立的,代表金转轮王统制天下的意思。

崇天门内数十步为大明门,入大明门则为大明殿。大明殿,又称常朝殿,是元朝皇帝登基、正旦、寿节、朝会之所,地位相当于明清故宫太和殿。大明殿落成于至元十年(1273年),面阔十一间,东西宽200尺,进深120尺,高90尺,规模雄伟。大殿坐落于三层汉白玉台基之上,每层台基均以雕龙刻凤的白石栏杆围绕,每根栏杆之下都有伸出的汉白玉雕琢的鳌头。大明殿殿后为柱廊七间,深240尺,广44尺,高50尺。柱廊直通寝殿,寝殿面阔五间,东西夹六间,后连香阁三间,东西140尺,深50尺,高70尺。寝殿东西分别为文思殿与紫檀殿,用紫檀香木筑成,间白玉壁饰。大殿、柱廊、寝殿等共同构成"工"字形布局,为宋代以来典型布局模式。大明殿四周绕以周庑 120 间，四隅建有角楼，南面正中为大明门，东西庑偏南分别建有钟楼（又名文楼）与鼓楼（又名武楼），北庑正中又建一殿。周庑围合成南北略长的长方形庭院，成为宫城中一座"城中之城"。

延春阁为后寝的主体建筑，在大明殿之北，两者之间由横贯宫城连通东、西华门的街道相隔。延春阁同样也是宫城重要的宫殿，元代统治者经常在此举办宗教仪式、召见大臣及举办宴会等。其平面布局、建筑形制与大明殿大致相同，高度则为 100 尺，超过了大明殿。延春阁后有寝殿，东寝殿为慈福殿，西为明仁殿。寝殿后为清宁宫。延春阁两边亦有文楼、武楼，回廊向南、东、西三面开门。回廊外西北隅，另有一小组宫殿建筑，南为玉德殿，北为宸庆殿，东为东香殿，西为西香殿。除了上述主殿外，宫城内还有其他一些宫殿及附属建筑，布局严谨。

元代建筑遗存

万宁桥

万宁桥，位于西城区地安门外大街，居什刹海东岸，跨玉河上流。因濒临什刹海（古称海子），故称"海子桥"；又因位于地

万宁桥

安门（旧称后门）之北，亦称"后门桥"。桥始建于元代，初名万宁，木结构。至正二十二年（1285年），改建为单孔石桥。熊梦祥《析津志》有云，"万宁桥在玄武池东，名征清闸。至元中建，在海子东。至元后复用石重修，虽更名万宁，人惟以海子桥名之"。

　　万宁桥曾是元大都城内通惠河上的重要通水孔道，是北京漕运史的重要见证。元代，沿京杭大运河北上的漕船，进入北京城后，最终落帆过万宁桥入积水潭，完成整个运程。万宁桥属于"桥闸"，具有便利通行和控制水位的双重功能。元代通惠河的主要干线上修建了11处控水设施，共24座水闸。万宁桥边的"澄清上闸"，便是其中之一。据《元史·郭守敬传》记载，元初每年由通州向大都城运送粮食的时候，秋雨连绵，运粮的驴牛死亡甚多。为此，郭守敬主持开挖了通惠河，运粮船便可由通州直抵海子，将粮食存入海子西岸新建的粮仓之中。为了调节水位，郭守敬又在海子东岸的通惠河起点处建造了木结构的海子闸，即澄清上闸。由于木闸容易腐烂，故从元武宗至大四年（1311年）六月开始换为石闸。万宁桥也是内城重要的交通要道，中轴线穿桥而过，南北延伸。这里是北城商业、手工业的中心地带，商贾云集，店肆林立，车水马龙，热闹非凡。同样，这里也是历代人文活动的重要场所，元代时大都城百姓在此观看浴象。桥畔的万春园，是举子们庆贺欢宴之地。明清两代由于前海种植大量莲藕，每到夏季，是京城百姓纳凉赏荷的绝佳位置。

永乐迁都之后，漕运的终点站移到北京城外，万宁桥以下的城内旧漕道即告作废。此后，河道淤塞，水路不通，至20世纪40年代，桥下仅有少量水流。20世纪50年代出于使用上的需求，河道填平建房，桥身被埋，桥面铺沥青，仅有栏杆露出地面。到80年代，紧贴栏杆两侧修建了巨大广告板，桥周边的视野被遮蔽。1984年，万宁桥被列为北京市文物保护单位。2000年12月，应侯仁之等学者的呼吁，北京市政府修复了残坏严重的石桥，并疏浚了河道，恢复了碧水过桥的原来面目。同时，恢复原来桥名"万宁桥"，建碑于桥畔。在清理淤堵多年的河道时，挖掘出五六件巨大的镇水石兽，皆是通惠河之旧物。维修者依照昔时之格局，将这一系列出土文物以及原有的全部构件，包括零散小件，全部保留并用镶嵌贴接的方式，原位保留了下来。2006年，万宁桥及澄清闸作为大运河的一部分被公布为全国重点文物保护单位。2014年，大运河被列入世界文化遗产名录，万宁桥与澄清上闸以及玉河段均被列入遗产点。

万宁桥虽经历数百年的风雨侵蚀和后代的历次修缮，仍旧保留了早期桥梁的特征。桥为单孔汉白玉石拱桥，长10余米，宽近10米，桥面用巨大的块石铺砌，中间微拱，但坡度不大，利于车马通行。桥的两侧建有汉白玉石护栏，雕有莲花宝瓶等图案，雕刻精细完美。万宁桥两侧有石质伏状镇水兽四尊。其中桥东北侧那只雕刻简单朴素，在额下刻有"至元四年九月"（1267年）的字样，是元代遗物。其他几只保存较为完好，为明代所刻。镇水兽长1.77米，宽9.9米，高0.57米，头顶雕刻有一对鹿角，嘴瘪翘鼻，两目圆睁盯着水面，四爪张开抓着花球，浑身披着鳞甲，尾巴卷曲。这种镇水兽的式样在京城之中绝无仅有，堪称一绝。紧邻万宁桥的西边，有澄清上闸遗迹。在河堤南岸，有两个石头的残根，石根前的堤岸条石上有一个石槽。在河北岸的相对位置的堤岸条石上也有一个石槽，石槽后有一块残断的巨石。两岸相对的石槽，是嵌入闸板用的闸门槽，石槽条石上围着槽口还有凹型纹饰。闸门槽后的残石，应当是绞关石的残段。

妙应寺白塔

妙应寺白塔，位于阜成门内大街路北，是中国现存年代最早、规模最大的藏传佛教覆钵式佛塔。因白塔闻名遐迩，其所在寺庙多以"白塔寺"俗称流传。

辽道宗寿昌二年（1096年），此地为永安寺，寺内建有供奉佛舍利的幢形佛塔。金末元初，永安寺毁于战火。至元八年（1271年），元世祖忽必烈敕令由尼泊尔匠师阿尼哥主持，在辽塔的遗址上动工建造喇嘛塔，迎释迦佛舍利藏于塔中。至元十六年（1279年），佛塔建成，忽必烈又命阿尼哥以塔为中心修建皇家寺院。至元二十五年（1288年），佛寺建成，因祝祷皇帝生辰而取名为"大圣寿万安寺"，是元代皇家在大都城内所建最重要的寺庙。据史籍所载，寺的规模巨大，有天王殿、五部陀罗尼殿、五方佛殿、九曜殿、朵楼、角楼等。以后又在佛殿的东西建东西影堂，把忽必烈、铁木耳的影像安置在这里。此寺佛殿近似于宫殿，殿前的台阶即仿元代宫中的形制而建，常用作百官演习朝仪的地方，元朝各代皇帝也多次来寺中做佛事。元至正二十八年（1368年），寺内主要殿宇被雷火焚毁，唯有白塔幸免于难。

阿尼哥像

明宣德八年（1433年），明宣宗下令重新修葺白塔。明天顺元年（1457年），寺院重建，并改名为妙应寺，但面积不到元代盛时的八分之一。成化元年（1465年），又在白塔基座周围加修铁灯龛108座。万历二十年（1592年）又重修白塔宝盖，并于覆钵上安置小铜碑一座，上书"重修灵通万寿宝塔天盘寿带大明万历岁次壬辰季春"字样。清代亦对白塔多次修葺，如康熙二十七年（1688年）、乾隆十八年（1753年）、乾隆五十年（1785年）、嘉庆二十一年（1816年）都对寺、塔进行修缮。1900年，八国联军侵华期间，寺、塔遭受了损失。宣统元年（1909年），又对寺进行整修。民国时期，当局分别在1925年和1937年，对寺院进行了较大的修缮。1961年塔被公布为全国重点文物保护单位。1964年，

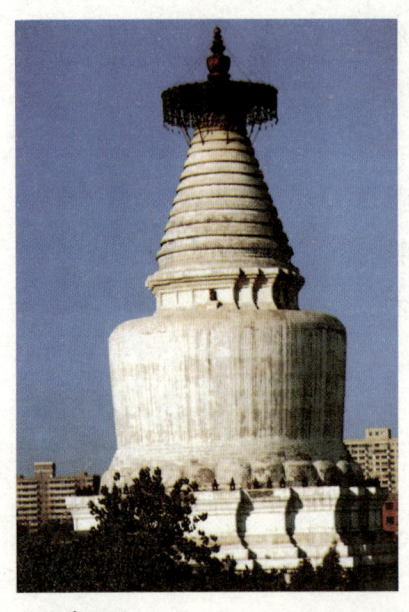

妙应寺白塔

在塔上安装了避雷针。1965年，又进行修缮。"文化大革命"期间，寺庙遭到破坏，成为单位宿舍与民居。山门和钟鼓楼被拆，并在原址上建副食商店。1976年唐山地震时，塔天盘下的十三天顶部被震坏。1978年对塔及4座殿堂进行全面整修，在铜塔顶发现乾隆十八年（1753年）修缮时存留的珍贵佛教文物。1980年成立保护机构，并正式对外开放。1996年国家拨款对白塔进行修缮。1997年又启动了"打开山门，亮出白塔"工程。这期间市文物研究所经对山门、钟鼓楼的考古发掘意外地发现了保存在地下的原山门、钟鼓楼及台阶、石刻等遗址。1997年12月8日复建山门工程正式开始，拆除了白塔寺前的食品商场，恢复了白塔寺山门、钟鼓楼。1999年7月，妙应寺重新开放。2013年6

月至 2015 年 11 月，有关部门又对白塔进行了大规模修缮，历时 2 年 7 个月。

妙应寺由寺院和塔院两部分组成。中轴线上由南到北依次排列着山门，面阔三间，东西两旁有八字影壁，中间券门上有石刻横匾，书"敕赐妙应寺禅林"。山门内左右分列阁楼式的钟鼓楼。其后为天王殿，面阔三间，内塑四大天王。往北是三世佛殿，面阔五间，灰筒瓦庑殿顶，大点金旋子彩画，菱花隔扇门窗，前有月台，内祀三世佛，顶饰三座盘龙藻井。经甬路再北为七世佛殿，面阔五间，灰筒瓦庑殿顶，大点金旋子彩画，菱花隔扇门窗，明次间各有盘龙藻井，内祀七尊佛像，两旁为十八罗汉。在天王殿与七佛殿之间的东西两旁都有配殿廊庑及僧舍。殿后以红墙围成的塔院，地基高约 2 米，四隅各建四角攒尖角亭一座，白塔位于中央偏北。院门在南墙正中为一座歇山顶小门楼，额书"敕建释迦舍利灵通宝塔院"，迎门有殿，名"具六神通"，殿内供三世佛。殿后即白塔。白塔建在一个高大的石台上，南侧有阶梯而上，可到塔底。

塔为窣堵波（梵文 stupa）式的变体作品，采用了尼泊尔塔的形制，并融合了中华民族特点的装饰。其规制之巧，建筑技术之奇，古所罕见。《长安客话》有云，"角垂玉杆，阶布石栏。檐挂华鬘，身络珠网。珍铎迎风而韵响，金盘向日而光辉。亭亭岌岌，遥映紫宫"。

塔通高 51 米，塔从下至顶由台基、塔身、相轮、华盖和塔刹组成。塔座面积为 810 平方米，分三层。下层为护墙，平面呈方形；中层和上层均为折角须弥座，平面呈"亞"字形，四角均向内递收二折，在转角处有角柱，轮廓分明，上层须弥座设有铁灯龛。在须弥座式基座上有用砖砌筑成的巨大的莲瓣，外涂白灰，塑饰成形体雄浑的巨型覆莲座，莲座上有五道环带金刚圈以承托塔身。塔身俗称"宝瓶"，为一巨型覆钵，直径 18.4 米，平面圆形而上肩略宽，与清式塔身高瘦的喇嘛塔相比，造型显得更加丰满雄浑。塔身外环绕 7 道铁箍，使塔身成为一个坚固整体。塔身之上有平面"亞"字形的小须弥座式刹座，俗称"塔脖子"。再上是层层向上收杀的十三天（相轮），外形呈圆锥形，状极峻峭。十三天顶端承托直径 9.7 米的圆形华盖（又名"天盘"），厚木为底，上覆 40 块放射形铜板瓦，华盖周围悬挂有 36 片高 1.8 米具有透雕佛和梵文字样的铜片和 36 个风铎。华盖之上为一座高 5 米、重 4 吨的镏金铜质覆钵式小塔造型的塔刹，在高大洁白的塔体上金光闪烁，十分醒目。

孔庙与国子监

北京孔庙和国子监，是元明清三代皇家祭孔的重要场所，以及最高学府和教育行政管理机构，是儒家文化尊崇、教育、管理的重要机构。

孔庙，又称文庙，位于东城区安定门内国子监街（原名成贤街）13 号。元世祖忽必烈定都北京后，命宣抚王檝于原金枢密院建宣圣庙，祭祀孔子。据《元史·哈剌哈孙传》记载，元成宗铁木耳大德二年（1298年），时任中书左丞相的哈剌哈孙以"京师久阙孔子庙，而国学寓他署，乃奏建庙学，选名儒为学官，采近臣子弟入学。又集群议建南郊，为一代定制"。元大德六年（1302年），在今址建庙，元大德十年（1306年）建成，西邻国子监，构成左庙右学规制，为后世所沿用。明永乐九年（1411年）在旧址重建，万历二十八年（1600年）改易青琉璃瓦。清顺治八年（1651年）重修，乾隆二年（1737年）改用黄琉璃瓦，乾隆三十二年（1767年）又重修。光绪三十二年（1906年）升祭孔为大祀，扩建大成殿，但直至民国五年（1916年）才完工，形成今日的规模与布局。

孔庙占地面积约为2.2万平方米，规模仅次于山东曲阜孔庙，坐北朝南，平面呈长方形，三进院落，中轴线上的建筑依次为先师门、大成门、大成殿、崇圣门及崇圣祠等。孔庙大门前有嵌琉璃雕花砖影壁，第一道大门为先师门，面阔三间，中启大门，斗

孔庙先师门

拱大而稀疏，黄琉璃瓦歇山顶，配有鸱吻等装饰，虽历经重修，仍保持元代风格，是目前北京比较罕见的具有元代风格的木结构。

先师门内东侧有神厨、宰牲亭及井亭，西有神库、致斋所和持敬门，持敬门通国子监。院内还有3座碑亭和198座元、明、清三代进士题名碑。

大成门为第二道门，建于高大石基之上，面阔五间，三启门，前后三出陛，中间为丹陛，左右各十三级。门左右原排列有戟24把和石鼓10只，门内东置鼓、西悬钟，左右辟有角门，今戟已无存，而钟鼓尚在。大成门内为中心庙院，院内青砖铺地，古柏参天，中间有甬道直通大成殿。甬道两侧有11座明清两代纪功碑亭、燎炉和古井等物。甬道尽头为孔庙主体建筑大成殿，也是祭孔的正殿。

大成殿始建于永乐年间，后多有修葺，光绪三十二年（1906年）将原来的七间三进改为九间五进，黄琉璃瓦重檐庑殿顶，殿顶两端装饰有龙形鸱吻；汉白玉月台，三面出陛，围以带汉白玉雕云头望柱的石护栏，殿前石阶之间嵌有一块长7米、宽2米的青石浮雕丹陛；殿内正中设木龛，龛内供奉"大成至圣文宣王"木牌位，两边设有配享牌位，另有祭祀用祭案、乐器等物。大成殿两侧各有配庑19间，灰瓦通脊，单檐歇山式顶，为存放历代先儒哲人牌位的地方。

大成殿后有一独立小院名崇圣祠，为供奉及祭祀孔子先人的场所，坐北朝南，前有崇圣门，左右有东西配殿，正厅五间，建于嘉靖年间，乾隆二年（1737年）将青瓦换成绿琉璃瓦。

国子监位于孔庙东侧，又称"太学""国学"，始建于至元二十四年（1287年），元大德十年（1306年），在今址兴建。明朝洪武年间曾改为"北平郡学"，永乐二年（1404年）又改为"国子监"。明代永乐、正统年间曾大规模修葺和扩建，清乾隆四十八年又增建"辟雍"一组皇家建筑，形成现在的规制。光绪三十一年（1905年）12月6日，清末改革学制，设置学部，国子监裁废，其教育行政功能并入学部，国子监的历史使命便告结束。

国子监坐北朝南，是一南北向的长方形三进院落，占地面积2.7万余平方米。中轴线上的建筑依次为集贤门、太学门、琉璃牌坊、辟雍、彝伦堂、敬一亭。

整个建筑以"辟雍"为中心。辟雍四面环水，池水周围筑有汉白玉护栏，池水之上东南西北各建一座石梁桥通达四门，连接内外，构成"辟雍泮水"。辟雍通高34米，大殿建于台基之上，重檐四角攒尖镏金宝顶式，上覆黄色琉璃瓦，正面屋檐悬乾隆皇帝书写的"辟雍"七彩九龙祥云圆雕匾额。辟雍四周建有围廊，红色檐柱、廊柱多达数十根，

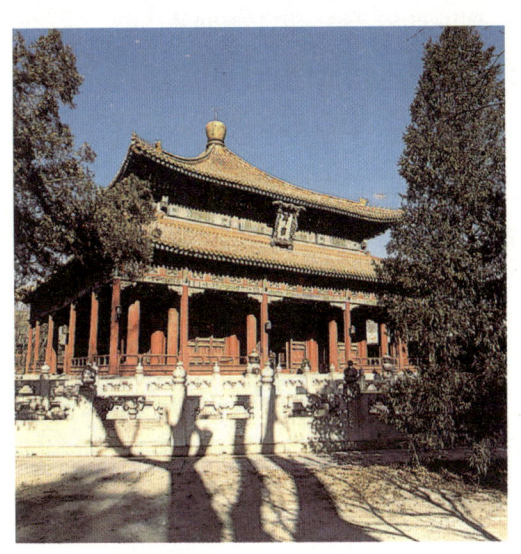

国子监辟雍

柱间建雀替，大木构架绘金龙和玺彩画。辟雍是清朝皇帝讲学的场所，每一位皇帝即位，都要到辟雍讲学，称为"临雍"。辟雍的两侧为"六堂"，即东为率性堂、诚心堂、崇志堂；西为修道堂、正义堂、广生堂。在它的南边又各有 10 间房，与太学门相连，形成院落。

辟雍的北面为彝伦堂，彝伦堂原名崇文阁，建于元仁宗皇庆二年（1313 年），是国子监藏书的地方。后来明朝永乐年间重新翻建，改名"彝伦堂"。在乾隆皇帝未建辟雍大殿之前，皇帝们都是在彝伦堂讲学。辟雍建成后，彝伦堂改为藏书之所。大堂中门上方"彝伦堂"横匾，是清康熙皇帝题。彝伦堂的建筑形式为单檐悬山顶，面阔七间，后带抱厦三间，总面积 600 多平方米，是国子监里最大的厅堂式建筑。彝伦堂前有宽广的平台，称为灵台、露台，是国子监召集监生列班点名、集会和上大课的场所。灵台东南角上，立有一座石刻日晷，是白天测定时间的仪器。

国子监还存有 190 块《十三经》刻石，刻于雍正、乾隆年间，是我国目前仅存的一部最完整的《十三经》刻石。《十三经》刻石原先存放在国子监的东西六堂，后移到国子监与孔庙之间的夹道内。

中华人民共和国成立后，曾多次对北京孔庙、国子监进行过不同程度的修缮。1956 年，国子监辟为首都图书馆；1961 年，国子监被公布为第一批全国重点文物保护单位。1981 年孔庙作为首都博物馆对外开放，1988 年被公布为全国重点文物保护单位。2001 年至 2005 年，随着首都博物馆和首都图书馆等单位陆续迁出，孔庙和国子监又重新归于一体。2008年6月，经过大规模整修后，孔庙和国子监博物馆正式成立并全面对外开放。

东岳庙

东岳庙位于朝外大街141号，是道教正一派在华北地区最大的庙宇。

元代时，中国道教创始人张道陵（天师）第三十八代后裔"玄教大宗师"张留孙因见大都未建东岳庙以祀泰山神东岳大帝，发愿自己筹资建庙。元仁宗得知欲行资助，张留孙未受，遂于延祐六年（1319年），自费在齐化门（今朝阳门）外买地建庙，但工程开始之初就仙逝而去。其弟子吴全节继承师志，遂发累朝赐金，于至治三年（1323年）建成，赐名东岳仁圣宫，作为东岳大帝之行宫。元泰定二年（1325年）鲁国大长公主祥哥刺吉出资修建后殿，作为大帝和帝后的寝宫，天历元年（1328年）完工，赐名昭德殿。明正统十二年（1447年），明英宗于故地修葺和扩建，并更庙名为东岳庙，大殿为岱岳殿，后殿为育德殿。万历三年（1575年），明神宗及其母李太后捐资重修东岳庙，次年又建造钟鼓楼。万历二十五年（1592年）再次对东岳庙进行修葺，并加筑东、西太子殿和后罩楼。万历三十五年（1607年），宫中太监又捐资修建庙前琉璃牌坊，至此，东岳庙正院殿宇工程基本完工。清康熙三十七年（1698年），庙毁于火，康熙四十一年（1702年）修复。乾隆年间又对庙宇进行修葺。道光年间，庙中道士马宜麟重修庙宇，并扩建东西道院，东岳庙基本格局遂趋完备。1900年八国联军侵入北京时，东岳庙为日军占据，损毁严重。民国年间，庙日趋衰败，至北平和平解放之时，庙中仅余道士9人。20世纪50年代，东岳庙被机关、学校占用。1957年，公布为北京市文物保护单位。"文化大革命"期间，庙中文物毁失殆尽。1988年，又因道路扩建，将山门和门前两座跨街木牌楼拆除。1995年年底，东岳庙中路移交朝阳区文物文化管理局，并作为北京民俗博物馆对外开放。1996年，公布为国家重点文物保护单位。2008年5月3日，北京东岳庙作为道教活动场所正式登记开放。

东岳庙坐北朝南，占地约6公顷，有殿宇600余间，分中路正院和东、西道院三个部分。其建筑虽经明清两代重建、扩建，但中轴线上建筑的格局和庑殿斗拱及替木等仍保持着元代建筑的形制与特点，布局整齐，规制宏丽。

中路为主要建筑所在，由南到北依次有琉璃牌坊、庙门（已拆除）、洞门牌楼、瞻岱门、岱岳殿、育德殿和后罩楼，其他建筑则均匀、规整、对称地分布于两侧，形成既独立又相互连通的六进院落，颇具皇家道观气魄。

琉璃牌坊为砖石建造，三间四柱七楼，灰筒瓦绿琉璃瓦剪边歇山顶式，绿琉璃脊兽。每间各辟一券洞，雀替以上枋、柱、楼、斗拱满以黄绿相间琉璃饰件镶砌，气势庄严恢宏。面北额书"永延帝祚"，面南额书"秩祀岱宗"，相传为严嵩手迹。琉璃牌坊北边东西两侧曾有两座跨街三间四柱七楼庑殿顶式样彩绘木牌坊，因年久失修在20世纪50年代拆除。

东岳庙大门

    被拆除的庙门，是东岳庙的正门，三间券门，灰筒瓦绿琉璃瓦剪边歇山顶式，正中镶"敕建东岳庙"石匾一方。庙门内有钟鼓楼，均为方形，二层，绿琉璃瓦重檐歇山顶，两檐间悬有明代陡匾，西侧钟楼为"鲸音"，东侧鼓楼为"鼍音"。因山门拆除，钟鼓楼遂直接处于路边。

    洞门牌楼，也称棂星门，为东岳庙第二道门，庙门拆除后，成为东岳庙正门。庑殿顶，灰筒瓦绿琉璃剪边，设双扇实踏大门，前后檐各置戗柱两根。原先悬挂在山门的康熙帝御书"东岳庙"横匾，也移到此处。

    瞻岱门，又名戟门、龙虎门、瞻岱殿，与洞门牌楼相对。面阔五间，灰筒瓦绿琉璃瓦剪边庑殿顶，明次间三间为穿堂，左右两梢间内前有道教护法神哼哈二将塑像，后有十太保塑像。

东岳庙岱岳殿

过戟门，有一条长 60 米、高近 1 米的甬路连接东岳庙的主殿岱岳殿。岱岳殿坐落于长 25 米、宽 19 米的台基之上，面阔五间，进深十一檩，灰筒瓦绿琉璃剪边庑殿顶。檐下单翘三昂斗拱，正面坐龙天花，和玺彩画。殿前后有抱厦，前为歇山卷棚顶，面阔三间，进深八檩；后为四檩悬山卷棚顶，面阔一间。岱岳殿两侧分别引出东西环廊回庑，连接东西朵殿和配殿，合围于瞻岱门两侧。东朵殿称三茅君殿，西朵殿称炳灵公殿，东配殿为阜财神殿，西配殿为广嗣神殿，皆面阔三间，灰筒瓦绿琉璃剪边歇山顶，两配殿檐下转角处为鸳鸯交首斗拱，仍保持宋、元时期的建筑特点。环绕周围的七十二间连檐通脊的廊庑，代表东岳大帝掌管的地狱七十二法司，内供京师少见的地狱神像七十二司（实为七十六司、八十四神）。院内还建有碑亭及排列整齐的各时代所立石碑近百通，成为东岳庙的小碑林，其中以元代著名书法家赵孟頫撰文、书丹并篆额的高4米的《张留孙道行碑》最为著名。

育德殿面阔五间，灰筒瓦绿琉璃剪边庑殿顶，前出抱厦，抱厦面阔三间，歇山卷棚顶。育德殿以一穿廊与岱岳殿相连接，整体格局如"工"字，为典型的宋、元建筑形制。后罩楼高大雄伟，平面呈凹形，犹如两条有力的臂膀，托佑着前方的建筑，组成了一个壮丽的收尾。

东跨院平面呈一长条形，中部是一处奇花异果纷呈、回廊怪石点缀的花园，据说清代光绪皇帝和慈禧太后等常到这里游览。花园南部建有娘娘殿一座，花园以北建有一组完整的建筑群体、有伏魔大殿和东西配殿等建筑，殿北为道人的居住场所。西跨院主要是一些布局不规则的小型建筑区域，在这些殿宇中，比较重要的有玉皇殿、东岳宝殿、延寿宝殿、岳帅殿、火祖殿、关帝殿、观音殿、药王殿、马王殿、三官殿、阎罗殿和判官殿等。由于殿堂缺乏统一规划，因而略显零散，这主要是因为这些建筑多为民间各善会修建的。现东西两院仍为单位占用，部分建筑因改建楼房被拆除。

居庸关云台

居庸关云台，在北京城西北50多公里，昌平东南20公里，位于昌平区南口镇北的居庸关关城中心。

云台是元代过街塔的基座，台上原有三座白色藏式佛塔，始

居庸关云台

建于元至正二年（1342年），至正五年（1345年）落成，据碑刻资料记载，参与过街塔的设计建造者为帝师喜幢吉祥贤和国师南加惺机资喇嘛。塔北有寺，名永明寺。元末明初时，塔与寺被毁。明正统四年（1439年），在云台基座上又重新建造了一座寺院，名安泰寺，该寺于清康熙四十一年（1702年）又全部被毁，现仅存云台基础遗迹。1961年，被公布为第一批全国重点文物保护单位。

云台为白色大理石所砌长方形台座，下宽上窄，略呈梯形。底部宽26.84米，进深17.57米；上部宽25.21米，进深12.9米；通高9.5米。台顶部有两层，底部出挑石平盘上刻云头、下刻兽面及垂珠图案，顶部四周的石栏杆、望柱头、栏板及向外挑出的螭头等，均保持了元代的风格。

台体的中间开一南北向券洞，高7.27米，宽6.32米，券洞的顶部用五边折角的砌筑方法砌筑而成，为宋元以前城关门洞常见形式。

居庸关云台天王像

　　两侧门洞券面正中雕刻有大鹏金翅鸟，两边分别有鲸鱼、龙子、童男、兽王、象王等，佛界称其为"六挐具"；券门下则雕刻有交叉金刚杵，为护持佛法的法器。

　　券洞两壁两端为四大天王像，是整个浮雕群中最醒目的部分，各高2.75米，宽3.65米左右。四大天王身材魁梧，手中分别持有剑、琵琶、伞和蛇，各坐在高台上，左右两边分别侍立着鬼卒和武士，脚下还有两个小鬼（一说为风伯、雨师、雷公、电母等神仙）。雕像气势威严，力量感十足，战袍上的飘带上下翻飞富有动感。四大天王之间有用梵、藏、八思巴、维吾尔、汉、西夏等六种文字阴刻《陀罗尼经咒》和造塔功德记，保存下来的石刻文字对破译西夏文和八思巴文，以及研究西夏、蒙古历史都提供了非常珍贵的实物资料。

券门顶部正中刻五个"曼荼罗",又称坛场,为五组圆形图案式佛像。五曼荼罗的主尊佛像,由北往南依次为:释迦牟尼佛、阿弥陀佛(菩萨形)、阿佛(菩萨形)、金刚手菩萨、普明菩萨。五曼荼罗连同其他佛像,共 197 尊。券顶两侧的斜面之上,有正统年间修建泰安寺时,镇守永宁(今延庆区境内)的太监谷春主持补刻,刻有十方佛。除了十方佛,在每方佛的周围还分别刻有小佛 102 尊,共计小佛 1020 尊,取千佛之意。券洞上边还装饰着各种花草图案,花草图案雕刻细腻,流畅雄劲,精美绝伦。

云台雕刻手法圆润流畅,造型别致,图案精美,是现存元代雕刻艺术和建筑技术的优秀代表作,在佛教史和艺术史上有很高的价值。菩萨天神等造型和装饰图案,均参考了西藏桑鸢寺和萨迦寺,带有浓重的"梵式"风格,是藏传佛教萨迦教派典型的代表。

明清北京建筑

明清北京城是在元大都基础上改造而成的，历时百余年最终定型。它集中了全国的人力和物力进行建设，在继承历代都城的成功经验的基础上，结合了当时具体的政治、经济、军事情况，规划严整，气势宏大。明清两代的改造，使传统帝都的概念得到更加清晰的体现和强化，充分反映了中国古代在城市规划上的突出成就。

明清北京城的形成

明洪武元年（1368年）七月，明太祖朱元璋以"驱除胡虏，恢复中华，立纲除弊，救济斯民"为口号，命徐达为征虏大将军、常遇春为副将，率军25万由山东北伐。八月，明军攻占元大都，元顺帝逃往漠外。随后，朱元璋颁布《改北平府诏》，改大都路为北平府，初属山东行省。次年，单独设立北平行中书省，治北平府。洪武九年（1376年）六月，改北平行中书省为北平承宣布政使司，辖境如旧。昔日元大都变成北平府，行政级别大大降低。

徐达像

北京城垣与城市格局变迁

明代北京城的城垣与城市格局，经过三次重大变动，历时百余年最终定型。

明军占领大都后，很快对城垣进行了改动，这是元大都建成后北京城垣与城市格局发生第一次重大变化。占领大都后的第七

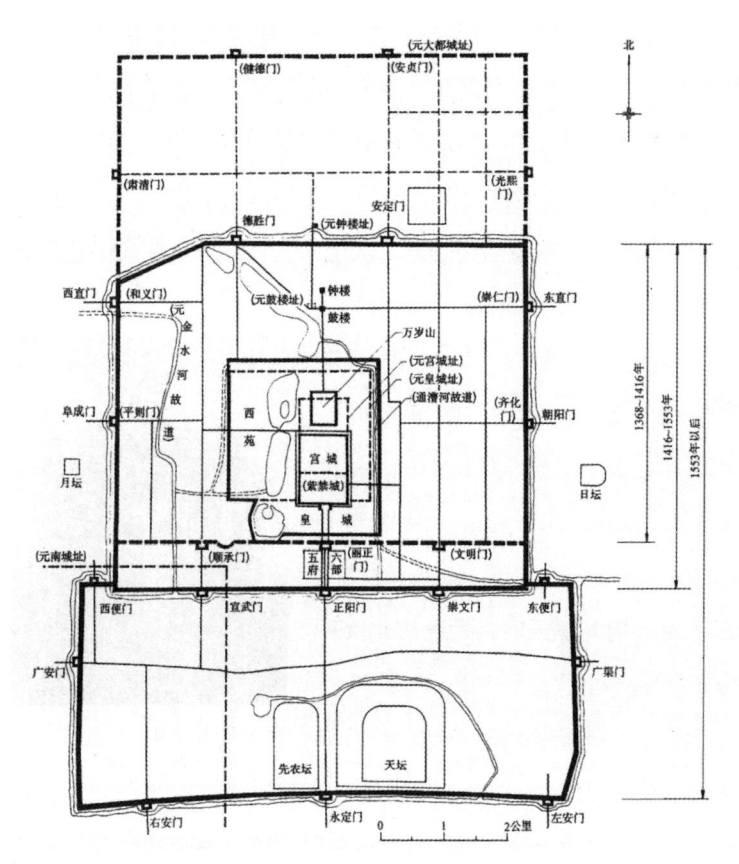

明北京城发展三阶段示意图

天徐达下令将北平城的北城墙向南缩进了五里，废弃了元大都时的肃清门和光熙门。不到一个月，工程完工。尽管时间仓促，但新筑的北城垣仍比元大都旧城垣要高大宽阔，四面城垣已经开始使用砖包砌。据《洪武北平图经志书》记载：北平城垣"创包砖甃，周围四十里"，"其东西南三面各高三丈有余，上阔二丈；北面高四丈有奇，阔五丈。濠池各深阔不等，深至一丈有奇，阔至十八丈有奇"。《明太祖实录》卷三十五载,"大将军徐达改故元都安贞门为安定门,建(健)德门为德胜门"。实际上,并不是将元大都旧城门改名,而是给在旧城门南边新辟的城门命名。至此,北平的北城垣内收五里,城门由原来的11门变成了9门。

北京城垣与城市格局的第二次重大变化,发生在永乐迁都之后营造新都以及后期修葺。

1399年(建文元年),燕王朱棣在北平起事,发动"靖难之役"。1402年,朱棣在金陵即帝位,改次年年号为永乐。永乐元年(1403年),明成祖朱棣下诏改北平为北京,称"行在",北平府为顺天府,为迁都北京开始做准备。

经过10年的准备,永乐十四年

明成祖朱棣像

(1416年),明成祖朱棣下诏让文武群臣集议营建北京之事。永乐十五年(1417年),明成祖命泰宁侯陈珪负责营建北京,由工部尚书吴中负责具体设计,于是兴建工程开始全面展开。为了安排皇城以南的千步廊以及两侧的官署衙门,永乐十七年(1419年)十一月,将北京南城垣向南迁移了两里。这是继洪武元年(1368年)北城垣收缩五里以后,北京城城垣与城市格局的第二次变化,从此北京内城的轮廓固定下来。永乐十八年(1420年),明廷遣营缮司郎中蔡信为工部右侍郎,对东、西、南三面城垣进行加修。此次加修,东西城垣是在元代旧土城的基础上,用元代小砖包砌外壁，城垣内壁仍为土城。

永乐十八年（1420年），北京的宫殿城池基本告成。新建的北京城，"凡郊庙、社稷、坛场、宫殿、门阙，规制悉如南京，而高敞壮丽过之凡"。（《明成祖实录》）随即，明成祖昭告天下迁都北京。次年正月初一，明成祖在北京奉天殿接受文武百官朝贺，迁都北京完成。

永乐迁都之时，北京城垣虽有所修葺，但并没有彻底完备。明朝杨士奇《都城览胜诗后》云，明成祖"肇建北京，既立郊庙宫殿，将及城池，会有事未暇及也。已而国家屡有事，久未暇及"。永乐十九年（1421年）四月，宫城奉天、华盖、谨身三大殿遭遇火灾，被全部烧毁。永乐帝下诏罪己，修缮城池的工作被迫中止。加之永乐年间连续对蒙古用兵，财力不继，不再有经营北京城池之举。明仁宗、明宣宗两朝则试图要还都南京，诏令以南京为京师，改北京为行在，故而对营建城池之事不是十分重视。

继明成祖营建北京以后，明英宗正统年间又一次对北京城开展了大规模的营建修缮活动。此次工程重点是整治内城九门、城池等。据《明英宗实录》记载，正统元年（1436年），鉴于"京师因元旧，永乐中虽略加修葺，然月城楼铺之制多未备"，"命太监阮安、都督同

明英宗像

知沈清、少保工部尚书吴中，率军夫数万人，修筑京师九门城楼"。正统四年（1439年）四月，营建九门城池宣告完工。京师九门均营建了瓮城，建正楼一座，箭楼一座。各个城门之外，均建有牌楼。城墙四角，各立角楼一座。护城濠的整治包括河道疏浚、河岸的修整、砌筑。另外，九门外原来的木桥，全部改为石桥，并且全部设置了水闸，以防洪水对城墙的冲击。经过营建修缮，不仅加强了京师的防卫，也增加了城市的观瞻。时人记述道："正统四年，重作北京城之九门成，崇台杰宇，岿巍弘壮。环城之池，既浚既筑，堤坚水深，澄洁如镜，焕然一新。"

此次修缮城墙，不仅将内侧城墙用明代大城砖包砌，在已有砖包的外侧，又增加了一层大砖。至此，起于洪武元年（1368年）的城墙改建、整修，一共历时78年，北京内城城墙的建制才走向完备。此后，直到城墙被拆除之前，500余年间虽有修补，但内城城垣的整体格局没有发生变动。

北京城垣与城市格局的第三次重大变化，则是嘉靖年间北京外城的营建。

明世宗嘉靖年间，蒙古鞑靼部俺答汗为了逼迫明朝"通贡""互市"，不断出兵南下袭扰，兵锋渐指北京。军事形势日益紧迫，加之此时四城外尤其是正阳、崇文、宣武三门外关厢地区商业发达、人口众多，急需保护。

嘉靖二十九年（1550年）八月，岁在庚戌，俺答汗的蒙古军队兵临北京城下，在城外及京畿地区任意掠夺，史称"庚戌之变"。在俺答汗退兵之后，明朝政府终于下决心修建外城。

嘉靖三十二年（1553年）闰三月，嘉靖帝遂命兵部尚书聂豹、锦衣卫都督陆炳及总督京营戎政平江伯陈珪等人，"相度地势"，规划外城修建。很快，聂豹等人将筑城方案上报，计划新修筑的外城周长七十里，开门十一座，九座为内城九门外大街直对，保留金中都西墙北端的彰义门，在东垣增开大通桥门。但开工后不久，因工程量及工程费用庞大，遂改为先修正南一面外城。经过半年多的施工，同年十月二十八日，外城城墙修建完工。嘉靖四十二年（1562年），又增建外城各城门的瓮城，挖掘护城河，外城的营建工作宣告结束。

此次增筑外城，是明代城墙与城市格局的第三次重要变迁，也是古代北京城市轮廓的最后定型。外城工程完成以后，使北京城的平面图形成了独特的"凸"字形。这种城市平面构图，一直沿用至近代，直到城墙被拆除为止。

外城的修筑，也使北京城中轴线的南端向南延伸，南端起点由正阳门变为永定门。这条中轴线全长7.8公里，依次经过永定门、正阳门、大明门、承天门、端门、午门、玄武门、北安门等城门，贯穿外城、内城、皇城、宫城，奠定了北京城市结构的骨架和肌理，显示了城市发展的脉络，是北京城市发展的生命线和人文线。对此，梁思成曾撰文进行赞美，"一根长达八公里，全世界最长，也最伟大的南北中轴线穿过全城。北京独有的壮美秩序就由这条中轴线的建立而产生；前后起伏，左右对称的形体或空间的分配都是以这条中轴的建立而产生；气派之雄伟，就在这个南北延伸、一贯到底的规模"。

清朝的完善补充

清朝定都北京后，在北京的内外城方面，仍然沿袭了明朝的格局，除了进行了几次大规模修缮外，没有重大的改动。但在内外城实行了满汉分居政策，将汉人迁往外城居住，内城由满人居住并按八旗驻防各个城门。各旗在城门之外设总教场、演武厅，以便练习骑射。在各个城门内建有八旗都统衙门、护军统领衙门等办公机构，并有大量营房供八旗兵丁居住。外城汉人聚居，则形成了大量的会馆、商业、娱乐建筑。

在皇城和宫城方面，除了少数名称以及局部变动外，基本上也承袭了明朝制度。由于李自成大顺军退出北京时放火焚烧宫室，

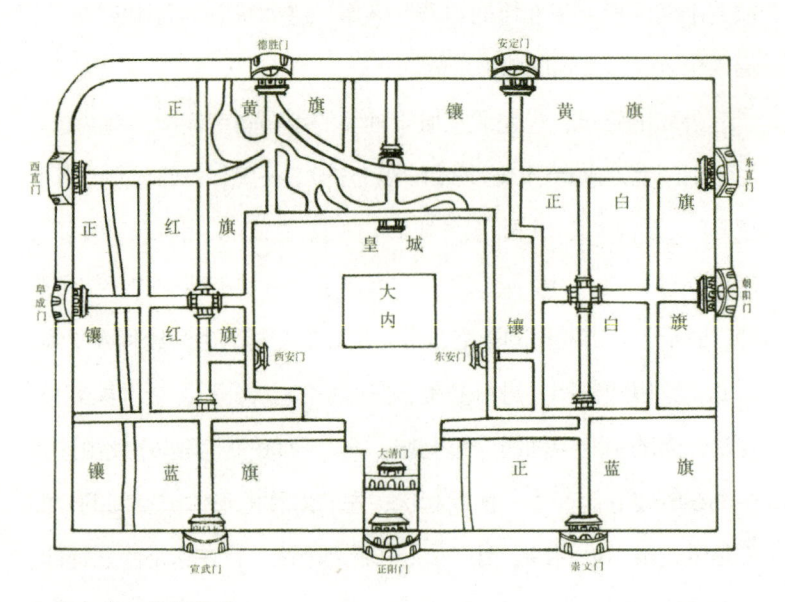

北京内城八旗驻防图

皇城、宫城内的不少重要建筑均受到比较严重的破坏。顺治、康熙两朝，陆续对宫城、皇城的宫殿城门等进行了复建。宫城的午门，皇城的南北两门、端门等均得到修复，一些城门的规格甚至比明朝还有所提高。例如明皇城南门承天门原为面阔五间的城楼，顺治八年（1651年）重建时改为面阔九间、进深五间。同时，清朝开放了皇城，将一些机构从中迁出，允许百姓在皇城居住经商，使皇城建筑与明朝产生了一定的区别。

　　清代京城建设的突出成就在于皇家园林的大规模兴建。清帝入关之初，仅以热河行宫及南苑（南海子）作为避暑和围猎的处所。康、雍、乾三朝政权稳固，国力强盛，有一定的经济实力，大兴土木。其中最重要的是在西山一带建造五座行宫，即"三山五园"：畅春园、

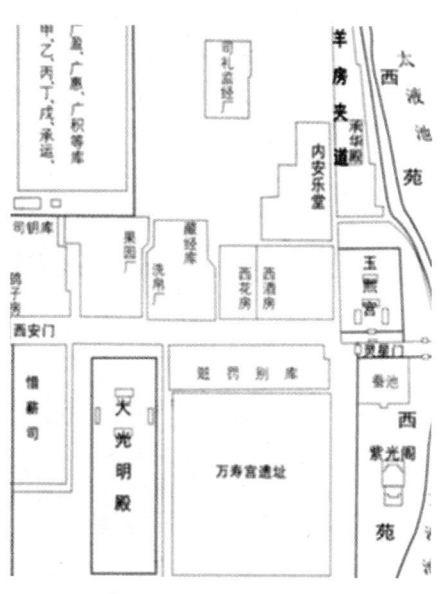

明西安门内胡同

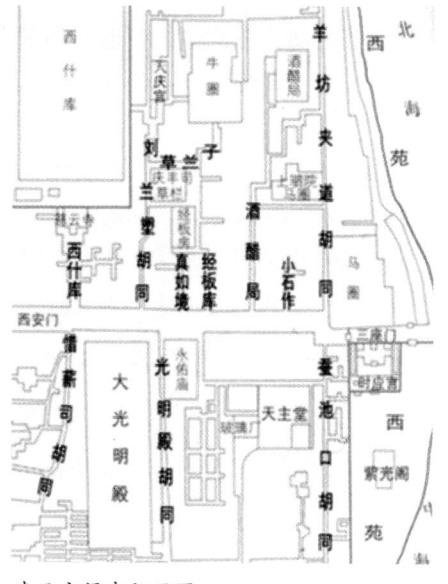

清西安门内胡同图

圆明园、静明园（玉泉山）、静宜园（香山）和清漪园（瓮山）。"三山五园"的建造，使中国园林建筑水平发展到一个新的阶段。

城垣与城门

城垣是北京古代体量最大的建筑，除了很强的军事防御等实用功能外，还包含了突出的建筑艺术价值与文化内涵。瑞典学者喜仁龙在《北京的城墙与城门》一书中写道："北京城城墙的外观虽不如故宫、寺庙及前面提到的牌楼那样好看，但是，当人们逐渐习惯它之后，就会对城墙的那种曲折蜿蜒和厚重的历史产生一种感人的情愫，有感于其睥睨四野、俯瞰众生的气势。"

内城城垣

明清北京城垣，分为外城、内城，内城又有皇城和宫城。

北京内城城墙的周长约 22 公里，东西宽约 6650 米，南北长约 5350 米。整个城墙内外壁均为下石上砖，内为土心，墙体高约 11.36 米，雉堞高约 1.8 米，通高约 13.2 米，墙底层宽约 19.84 米，城垣顶部宽为 16 米。城垣外壁包砌内外两层砖，外为长 48 厘米、宽 24 厘米、厚 13 厘米的明代大城砖，内为平均长 29 厘米、宽 14.5 厘米、厚 4 厘米的元代小砖，小砖层平均厚度约 1 米，大砖

内城城垣与护城河

层平均为70厘米；城垣内壁由明代大城砖包砌一层，平均厚约1米。城垣顶部平面以三合土夯实，并城砖海墁，向内侧泛水。在内侧女墙之下开设排泄雨水的石制吐水口，高0.385米，宽0.45米。

城垣外侧围筑马面，即凸出城垣外侧与城垣同高的墩台，增加射击面，加强防御能力。内城的墩台，总数为172个。经今人测量，凸墩台出城墙之外的长度为14米到15米，正面宽13米。每隔数十个墩台，就有一种长约20米、顶宽约35米、基宽约38米的中心墩台。墩台间的距离不等，视地形和防守程度而定。两个墩台之间距离最近者85米，最远者为140米。墩台后的城垣上都建有面阔三间的硬山顶铺房，供士兵休息和存放武器之用。城垣内侧还建有宇墙（女墙）及可供上下的马道，内城共有9对城门马道、4对角楼马道、14对城垣马道。

　　清末以后，由于城市交通建设、城墙自身倾圮等原因，内城城垣所剩无几。目前尚有两段留存，一段在今西便门附近的内城西城垣遗址，长约195米，现经过重新改造，以"明北京城城墙遗迹"对外开放。另一段在东南角楼附近的南城垣东段及东城垣南段遗址，长度大约500米，在保留原始风貌的基础上进行修葺，形成"明城墙遗址公园"。1984年，这两处明代内城城墙遗迹被公布为北京市第三批文物保护单位。2013年，又被公布为第七批全国重点文物保护单位。

明城墙遗址公园

内城城门与城楼

北京内城共有九座城门：南垣正中为正阳门（俗称前门），东为崇文门，西为宣武门。东垣有朝阳门（与元齐化门重合）、东直门（与元崇仁门重合）。西垣有阜成门（与元平则门重合），西直门（与元和义门重合）。北垣东为安定门，西为德胜门。各个城门均建有高大华丽的城楼，并设有瓮城及箭楼。乾隆朝《钦定大清会典则例》记载："凡门楼均朱楹丹壁，檐三层，封檐列脊，均绿琉璃。城闉九，惟正阳门城闉辟三门，谯楼一，闸楼三。余八门城闉各一门，谯楼、闸楼各一，凡谯楼闸楼均四面砖垣，设炮窗，雉堞均留枪窦。"内城的四角，均有角楼一座。目前，内城九门尚存有正阳门城楼及箭楼、东南角楼、德胜门箭楼等建筑。1979 年，东南角楼、德胜门箭楼被公布为北京市文物保护单位。1982 年，东南角楼被公布为全国重点文物保护单位。1988 年，正阳门城楼、箭楼被公布为全国重点文物保护单位。2006 年，德胜门箭楼被公布为全国重点文物保护单位。

正阳门始建于永乐年间，正统年间重建城楼，并增建瓮城、箭楼、闸楼。清乾隆四十五年（1780 年）、道光二十九年（1849 年），箭楼两度失火被毁，两度修复。清光绪二十六年（1900 年），在义和团运动及八国联军侵华过程中，正阳门箭楼和城楼先后被毁。1907 年，再度按原样修复。民国时期，前门交通改造，拆除了瓮城及闸楼，并对箭楼进行修饰，现存的箭楼即当年改造后的样式。

正阳门全景

正阳门是北京内城正门,因此其城楼、箭楼、瓮城的规格、尺寸等,均远高于内城其他八门。正阳门城楼的城台,外侧底面宽 93 米,内侧底面宽 88.65 米,内侧底面宽 53.88 米,内侧顶面宽 49.85 米,城台台基进深 31.45 米,台面进深 26.50 米,城台高 13.20 米。城台下辟券门,为五伏五券顺向拱券式,内侧券门高 9.49 米,宽 7.0 米,外侧券门高 6.2 米,宽 6 米。城台内侧沿城墙设斜坡登城马道一对,宽 4.85 米。正阳门城楼建于城台之上,为重檐歇山楼阁式,灰筒瓦绿琉璃剪边,正脊两端置背兽,戗脊安九跑小兽,朱红梁柱,绘金花彩绘。楼两层均面阔七间,进深三间,外加周围廊,连廊通宽 41 米,连廊通进深 21 米,上层四角立擎檐柱。箭楼在改建以前城台南端凸出瓮城城垣近 10 米,城台高约 12 米。城台下辟券门,与城门相对,为内城其他各门所无。券门南侧为五伏五券,北侧为 1915 年新加的平台门洞,券用三伏三券,门洞内设千斤闸。箭楼为重檐歇山顶,灰筒瓦绿琉璃剪边,正脊装绿琉璃望兽,戗脊置七跑小兽。面阔七间,通阔约 54

米，进深 20 米。箭楼上层向北出悬山坡，下层檐出歇山北抱厦，抱厦面阔五间，宽 42 米，进深 12 米，辟过木方门三座。整座箭楼通高 38 米，同样也是内外城门箭楼中最高大的。箭楼南、东、西三面辟箭窗，共有 86 孔。

德胜门箭楼，城台高 12.6 米，墙体有收分，东西宽约 39.5 米，上沿筑有雉堞和女儿墙。箭楼坐南朝北，面阔七间，宽 34 米，进深三间 12 米。南侧抱厦面阔五间，宽 25 米，进深 7.6 米，通进深 19.6 米。箭楼高 19.3 米，连城台通高 31.9 米。楼内结构主要是由高大的金柱与承重梁、穿插梁和跨空枋相搭接，将立体空间分为四层，向抱厦的一面有扶手栏杆，供人逐层登高，其余三面各层则与外面的箭窗相应。箭楼在八国联军侵华时曾受到破坏，1902 年修复。瓮城拆除后，在箭楼内侧增修了两条之字形登城蹬道。1951 年、1979 年，北京市有关部门两次对箭楼进行修缮。目前，箭楼作为北京市古代钱币展览馆对外开放。

德胜门箭楼

内城东南角楼，位于今建国门立交桥南，北京站东南隅，通惠河以西，是北京城唯一的明清角楼，也是国内现存最大的角楼建筑。1900 年受到八国联军炮火损坏，清末修复。1935 年也曾对角楼进行修缮，并将角楼大木结构的彩绘漆成满堂红。20 世纪

80 年代以来，北京市政府也多次对其进行修缮。

角楼建于凸出城墙外缘的方形台座上，城台凸出城墙东、南各 15 米，台高 12 米，台基长 39.45 米，上顶长 35 米，西北角约四分之一与两边城垣交汇为一体。城台内侧筑登城马道一对。角楼为箭楼形式，平面由大小两个曲尺形组合成九边十角的复杂曲尺形。大曲尺形为角楼正楼的平面，小曲尺形则是正楼背面交角抱厦的平面。高 17 米，连城台通高 29 米。正楼外侧两阔面各长 35 米，两窄面各宽 13.5 米。内侧抱厦两阔面东为 15.1 米，西为 15 米，两窄面均为 2.75 米。整个地面建筑面积为 701.3 平方米。角楼为七檩转角楼，重檐歇山式，灰筒瓦绿琉璃剪边，绿琉璃瓦脊兽。屋顶两条正脊相交处，向东、南两侧各推出一个歇山结构，使顶部转角处呈十字交叉。十字脊中间装火焰宝珠式绿琉璃瓦宝顶，宝顶高 1.3 米。歇山相交处有东南方向垂脊，上设脊兽，两侧有排水天沟。斗拱为单翘五踩，梁柱原为旋子雅五墨彩画。角楼辟箭窗四层，重檐之间一排，檐下三排，东、南两个长面每排各 14 孔，西、北两个短面每排各 4 孔，总计 144 孔。

内城东南角楼

外城

明清北京城的外城为扁方形，东西城垣之间的距离是南北间距的两倍有余，周长14.41公里，占地面积约24平方公里。外城城垣的布局，也是根据北京南北中轴线，采用对称手法设计。其南城垣稍内凹，东城垣在南段稍微外凸，西垣略直，形似内城之冠帽，故而俗称"帽子城"。据《明会典》记载，外城城垣周长约二十八里，南面二千四百五十四丈四尺七寸，东面一千八十五丈一尺，西面一千九十三丈二尺。城墙高二丈，基厚二丈，顶收一丈四尺。共修有墩台64座，上筑铺舍43所，墙顶外侧建雉堞9487垛，雉堞四尺。

外城共设七门，南面三门，正中为永定门，其东侧近东端设

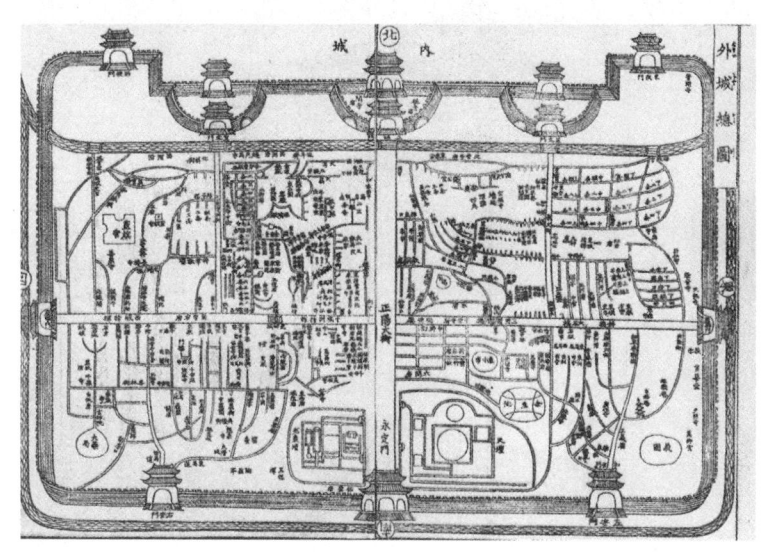

《唐土名胜图会》外城总图

左安门（俗称江擦门），其西侧中部稍偏西设右安门（俗称南西门）。东城垣中部偏北设广渠门（俗称沙窝门），西城垣中部偏北设广宁门（俗称彰仪门，后改广安门）。在东北隅和西北隅的"凸"字两肩处，分别设东便门与西便门。经过明清两代建设，外城七门城墩之上皆建有城楼，设有瓮城、箭楼，外城四角建有角楼，在与内城相接的两处还各建碉楼一座。

从清末至20世纪50年代，明清外城城垣及城门被完全拆除。2001年，经北京市委和市政府批准，永定门城楼开始重建。新建的永定门城楼在原址正北40米处，按原貌复建，2004年动工，2005年完工。

复建的永定门城楼

皇城

明清北京的皇城，是在充分利用了元大都的旧有基础改造而成的。

永乐年间，修建皇城与宫城之时，将之比元大都旧城稍有前移，并向北、向东有所扩展。明宣宗宣德年间，皇城东城墙再度外扩。《明宣宗实录》记载，宣德七年（1432年）六月，"上以东安门外缘河居人逼近皇墙，喧嚣之声彻于大内，命行在工部改筑皇墙于河东"。原皇城东门东安门外为通惠河进入积水潭的河道御（玉）河，皇城东扩将御河部分河段圈入，漕运船只无法通行，只能在北京城外装卸。经过乾隆年间修葺的皇城城墙后，皇城格局最终定型。乾隆朝《大清会典》记载："皇城广袤

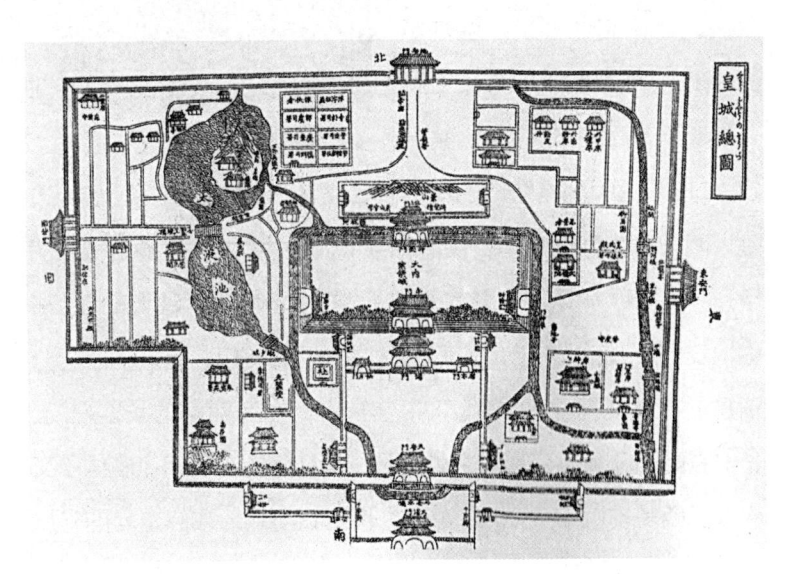

《唐土名胜图会》皇城总图

三千六百五十六丈五尺，高一丈八，下广六尺，上广五尺二寸。"经实测，皇城周长约11公里，面积约6.8平方公里，平面呈不规则的长方形，正南凸出，西南则因避让庆寿寺而缺一角。

皇城的城墙，在基础底部打0.5米的夯土层，再以城砖"一顺一丁"砌筑灌白灰浆，建成宽1.5米、高1.3米的梯形基础，然后在上面再砌墙体。墙体用城砖砌筑，上用"冰盘檐"挑出黄琉璃瓦顶，墙身不抹灰，直接涂红色。现存皇城墙抹麻刀灰，涂红土为近代修缮时的做法。墙体高约6米，墙基厚约2米，顶厚约1.7米。

皇城墙遗址

明清皇城四面开门，共有门13座。其中规格较高的城门有6座：正南有三重门，最南边是大明门（清称大清门，民国称中华门），第二重门是皇城正门承天门（清称天安门），第三重门是端门；皇城北面是北安门（清称地安门）；皇城东门东安门；皇城西门西安门。另外7座门分别是：在承天门与千步廊"T"字形空间东西两端的长安左门、长安右门，以及这两座门之外乾隆中期加建的东、西三座门（又称东、西长安门）；在长安左门、长安右门外，东西走向的皇城墙上还有两座随墙门——东公生门、西公生门；在东安门内原宣德年间东墙外扩留下的旧门，称东安内门。

大清门，在正阳门北，是皇城南门，原址在今毛主席纪念堂处。始建于永乐十五年（1417年），乾隆年间重修。砖石结构，青白石须弥座，刷灰抹红砖墙。面阔五间，辟三券门，黄琉璃瓦歇山顶，黄琉璃脊兽。1958年，天安门广场改造过程中，门被拆除。大清门外为棋盘街，通正阳门；门内经千步廊，过外金水桥，达天安门。

天安门，为皇城正门，始建于明永乐十五年（1417年），永乐十八年（1420年）建成，沿用了南京"承天门"的形制与名称。天顺元年（1457年）七月毁于火，成化元年（1465年）重建。明承天门规制略小，城楼面阔五间，进深三间，重檐歇山顶，城台辟五券门。明末，承天门再度毁于兵燹。顺治八年（1651年），

天安门城楼

改建完工，并改名"天安门"，格局沿用至今。康熙二十七年（1688年），再行重修，后历 200 余年未有大修。1949 年 8 月，为迎接开国大典，对城楼进行了整修，此后又多次进行修缮。1961 年，国务院公布天安门为第一批全国重点文物保护单位。

天安门城台高 12.3 米，城台长 120 米，宽 40 米，城台外皮抹灰涂朱。城台下辟 5 券门，中间券门高 8.82 米，宽 5.25 米，外侧券门大小依次递减。城楼建于汉白玉须弥座上，连城台通高 33.7 米，黄琉璃瓦重檐歇山顶，檐角仙人走兽 10 种，屋顶两侧山花刻有梨花绶带，油漆贴金。面阔九间，明间宽 8.5 米，通面阔 57.14 米，进深五间，连廊通进深 27.05 米，四周有汉白玉栏杆环绕。九间城楼与五孔券门组合使用，有"九五飞龙在天"的寓意，代表九五之尊的帝王。明清两代凡皇帝登基、皇后册立等盛大庆典，都要在天安门以"金凤衔诏"的形式举行隆重的颁诏仪式。

天安门之内为端门，两侧各有廊庑 26 间。端门，始建于永乐年间，初为三券门。康熙六年（1667 年）重修，康熙二十八年（1689 年）重建，增筑城台、城墙，开五券门。1955 年，端门又进行大修。端门的形制与天安门略同，城台连城楼通高 33 米，黄琉璃瓦重檐歇山顶，面阔九间，进深五间。

宫城

宫城，或称紫禁城，位于全城的中心偏东，沿用元大内宫城

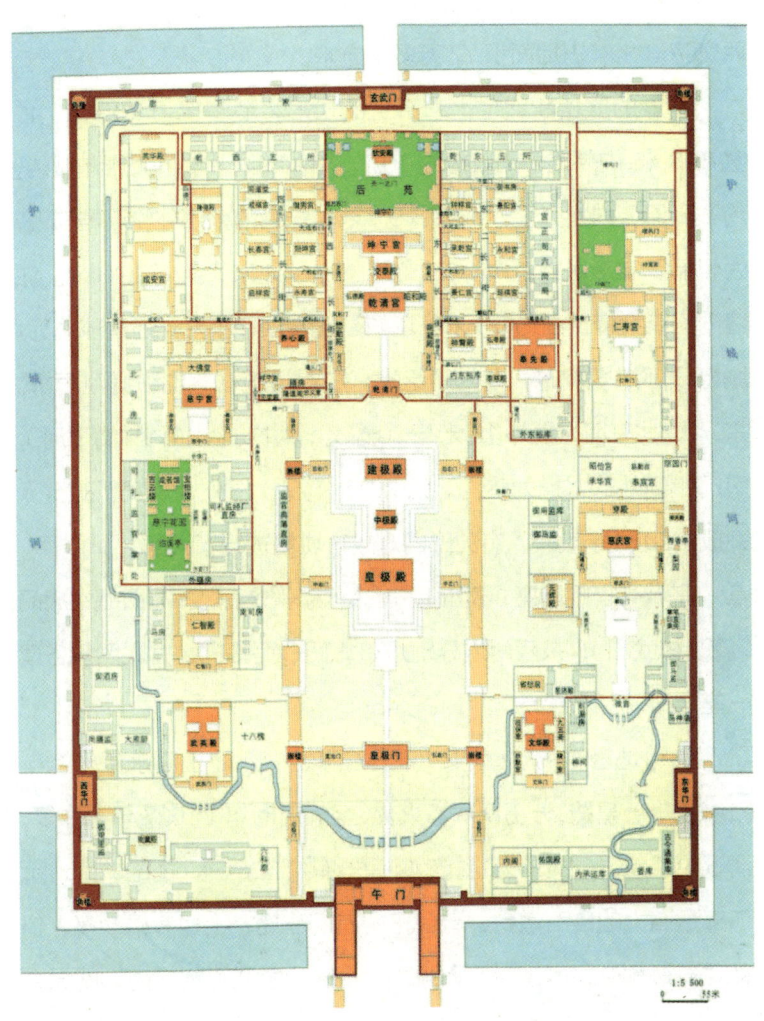

明紫禁城平面图

旧址，稍向南移。《明史·地理志》记载："宫城周六里一十六步，亦曰紫禁城。"经过今人实测，城周3428米，南北长961米，东西宽753米，占地面积72万多平方米。

宫城的城墙断面呈上窄下宽的梯形，墙基宽为8.55米，顶宽6.63米，内外两墙面收分约10%。墙体的内外侧各用四进城砖，约2米厚，内实夯土，城墙高9.9米。城垣的顶部外侧筑雉堞墙，为"品"字形垛口，厚0.38米，高约0.63米，共高1.43米。城墙内侧筑女墙，高约0.9米，墙帽是冗脊顶，扣脊瓦为黄琉璃瓦。城墙顶部海墁城砖，向内侧泛水，经女墙下排水沟眼排泄雨水。东、西、北三面城垣外16米至20米外，为护城河（俗称筒子河），南门午门外的水道为暗沟。从2015年起，部分城墙实现对游人开放。2016年年底，有关部门对故宫城墙进行了大修。

宫城有宫门四座，南面是午门，为宫城正门；北面是玄武门（清改神武门），东西两边分别是东华门、西华门，宫城四角各建一座角楼。

午门是宫城的正南门，位于端门之内，建于明永乐十八年（1420年），嘉靖、万历两次遭火焚，至天启七年（1627年）修复，清顺治四年（1647年）又重修，以后屡有修葺。午门通高37.95米，下部是高大的砖石墩台，墩台正中有门三座，上建有楼5座，俗称"五凤楼"。午门平面呈倒"凹"形，形似宫阙，高大的城台上正中建重檐庑殿顶殿，面阔九间，左右为雁翅楼，在廊庑两端各建一重檐四角攒尖顶方亭，轮廓错落，显得巍峨雄壮。其三面围合的内聚空间、红墙黄顶的强烈色彩以及异乎寻常的体量给人以

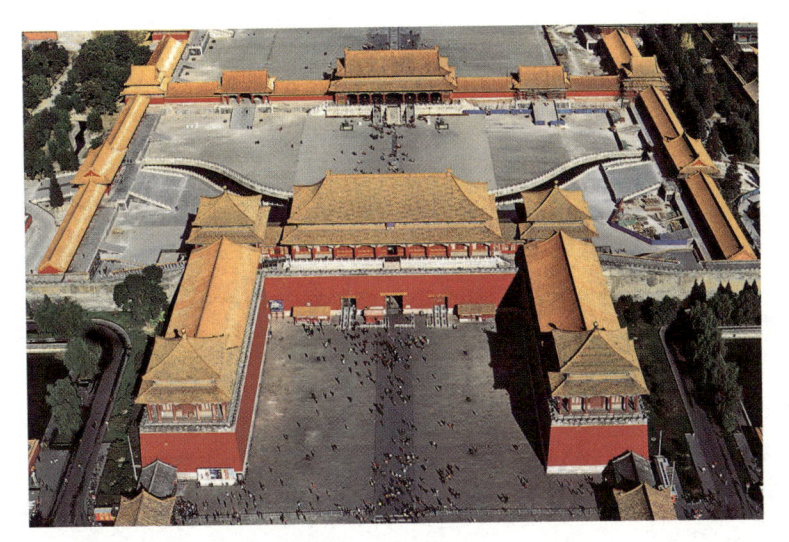

故宫午门

森严肃杀的庄严感，符合午门前举行班师、献俘典礼、廷杖朝臣的功能要求。午门东西两侧，各有 42 间连檐房舍，原为六部九科朝房，有门可通太庙与社稷坛。

北门神武门，汉白玉石须弥座台基，城台与城墙同高，约 9.9 米，深约 19 米。城台辟门洞三个，为外方内圆之券洞门。城楼建于汉白玉基座上，高 21.9 米，连城台通高约 32 米。面阔五间，连廊通面宽 41.74 米，进深一间，连廊通进深 12.28 米。四周围廊，环以汉白玉石栏杆，四面门前各出踏跺。楼为黄琉璃瓦重檐庑殿顶，饰黄琉璃瓦脊兽，下层单翘单昂五踩斗拱，上层单翘重昂七踩斗拱，梁枋间饰墨线大点金旋子彩画，上檐悬蓝地镏金铜字满汉文"神武门"华带匾。

东华门、西华门形制等均与神武门略同，但东华门、西华门城楼的进深为三间。

长城北京段

长城也是一种特殊的城墙,北京境内保存最多的长城,是明朝年间修建的。洪武元年(1368年),明太祖派大将军徐达修筑居庸关等处长城关隘,基本工程前后经过100多年时间才算完成,这就是明长城。它东起鸭绿江,西达祁连山,全长6800多公里,其中河北山海关到北京居庸关的这段长城,修筑得更加完善。1961年,北京长城八达岭段被公布为国家重点文物保护单位。1984年后,北京市各级政府部门和社会各界陆续对北京八达岭、居庸关、司马台、金山岭、慕田峪等段长城进行修复。1987年,长城被列入世界文化遗产名录,北京八达岭特区代表中国万里长城接受了《世界文化遗产证书》。

北京的长城主要分布于北京北部山区平谷区、密云区、怀柔区、昌平区、延庆区和门头沟区等地,呈半环状。从山海关西来的长城由平谷将军关附近进入北京市境内,在平谷黄松峪、密云墙子路一带呈南北走向,向北过密云东北黑关后急转向西,沿密云曹家路、新城子、司马台、金山岭、古北口、白马关一线的北部山区分水岭构筑。过白马关后,其走向转为西南,经密云的冯家峪、北石城、南石城到达怀柔的神堂峪和慕田峪。从慕田峪往西,到怀柔海拔1534米的黑坨山附近,长城分为两路:一路呈西北东南走向,经延庆四海冶至暴雨顶,又分为东西两线,东线经白河堡东北出市界,西线经佛爷岭一带出市界。另一路呈东北西南走向,也分为南北两线,南线从怀柔旧水坑西南长城连接点开始,经昌平黄花城、龙泉峪、黄花梁、西岭、八达岭而达青水顶;北线从延庆海字口、东灰岭、小张家口、八达岭到达青水顶。南北两线长城在青水顶会合后继续向西南方向延伸,在禾子涧以北再度分为南北两线。南线沿禾子涧、郭定山、老峪沟、大村一带东山脊南延,至得胜寺转向西北后终断;北线在黄楼洼出市界,到镇边城以西重新入门头沟区,到笔架山、广坨山中断,然后在沿河城附近复出,经黄草梁、东灵山出市界,向河北易县、山西灵丘方向延伸。北京境内的长城以怀柔旧水坑的西南分水岭上的北京结点为界,可分为东西两个体系。结点以东为东西向长

明长城北京段图

城体系，以单层状为主，只有在个别关隘处有环状和多层状城墙。结点以西则较为复杂，常筑有两层或多层城墙，尤其是延庆盆地、军都山等地区均出现多层城墙，形成纵深的防御体系。

北京地区的长城原全长约 629 公里，主干线长度 539 公里，支线长度 90 公里，其中明代以前的长度累计 73 公里。据统计，墙体保存完整无损的长城累计约 67 公里，基本完整的 56 公里，中等的 116 公里，损坏比较严重的 95 公里，损坏严重甚至无存的 295 公里。长城沿线共有敌台、附墙台及战台等城台 827 座，其中保存完好的有 391 座，损坏的有 436 座，城台多为方形或矩形，仅禾子涧、南石城等地发现有圆形台，另外在怀柔半城子以北还发现较为罕见的筑有坡形屋顶的矩形城台。此外，北京地段长城有关口 71 个、营盘 8 座。

目前，居庸关、八达岭长城、慕田峪长城、司马台长城、古

八达岭长城

北口长城、金山岭长城等均已开放，以各自鲜明的特点，吸引众多的游览者。

宫殿苑囿

明清宫殿主要集中在宫城（紫禁城）之内，始建于明永乐年间。宫殿以明初南京、中都（今安徽省凤阳县）两处的宫殿为蓝本，同时继承和发展了历代尤其是宋、金、元宫殿的建筑成果，其规模之大、构造之精、进度之快，堪称中国建筑史上的奇迹。此后均多有修葺补建。清代除了在原址复建了被毁坏的部分明宫殿外，也对紫禁城进行了不少改建，其中主要有养心殿、宁寿宫的改建，以及建福宫花园、宁寿宫花园等系列园林式建筑群的增建。在保持明朝宫殿"壮美"特征的同时，又增添了一些"优美"的审美情趣，可谓锦上添花。

宫殿

紫禁城明清宫殿是中国现存最大、保存最完整的古建筑群，是中国古代皇宫建筑的总结，是现有中国古代建筑群体艺术的代表作。中华民国建立以后，紫禁城陆续开辟为博物馆，现以故宫博物院对外开放。1961年，被公布为全国重点文物保护单位，

紫禁城

1987年被联合国教科文组织列入世界文化遗产名录。

紫禁城宫殿沿北京城中轴线，并向两边展开，左右对称。其建筑规制是严格按照"左祖右社、面朝后市"的原则兴建的，左边是皇帝祭祀祖先的太庙，右边是祭祀土、谷诸神的社稷坛，前面有棋盘街、千步廊，两侧是朝臣朝拜办事的处所，后面是以鼓楼为中心的繁华市场。北有万岁山（清代改名景山），南有金水河，又构成"山南水北""前水后山"的格局。

紫禁城中轴线上的主要建筑自南而北，按清代名称依次为大清门、天安门、端门、午门、太和门、太和殿、中和殿、保和殿、乾清门、乾清宫、交泰殿、坤宁宫、钦安殿、神武门，并依南北轴线分为前朝、后寝、御花园三个部分。

太和殿、中和殿、保和殿，称前朝三大殿，位于太和门之内。

三大殿明代名奉天殿、华盖殿、谨身殿,嘉靖四十一年(1562年)改名为皇极殿、中极殿、建极殿,清顺治二年(1645年)改为现名。三大殿在明代曾先后三次被大火烧毁,又三次重建,于天启七年(1627年)完成。清康熙十八年冬(1679年),太和殿又遭火燹,直到康熙三十四年(1695年)开始重建,现存建筑即为此次重建后的建筑样式。

三大殿同建在高8.13米平面呈"工"字形的汉白玉须弥座台基上,台基分为三层,每层都有白石护栏,护栏望柱为云龙云凤纹饰,望柱下有排水用的精雕白石螭首1142个。台中间有三座石阶,中间台阶的中央有巨石铺成的"御路",上刻海水江崖、蟠龙、升龙,托以流云。

太和殿是皇帝举行即位、诞辰、节日、征战等大典的场所。大殿为重檐庑殿顶,红墙,外有廊柱一列,面阔十一间,63.96米,

太和殿

进深五间，37.7 米，高 26.92 米，加上正吻及台基总高 37.44 米，建筑面积 2377 平方米，是我国现存最大的木结构建筑物。太和殿内外共有 84 根大木柱，菱花格扇门窗，接榫处都有镌刻花纹的镏金铜叶，门上有金龙图案，彩画为沥粉双龙和玺大点金彩画。殿内 6 根蟠龙金漆大柱中间有七层台阶的高台，上设镂空楠木金漆雕龙宝座，宝座上方为金漆蟠龙藻井。殿外丹陛上，东侧有日晷，西侧有嘉量，另外还有鼎式炉、铜龟、铜鹤等。

太和殿后为中和殿，是皇帝在太和殿举行典礼之前接受随从官员朝拜的地方。中和殿为方形小殿，面阔、进深各五间，长宽均为 24.15 米，单檐四角攒尖，黄琉璃瓦镏金宝顶，高 27 米，殿内设有宝座、屏风、滴漏、香炉、印玺等。

中和殿后为保和殿，是皇帝赐宴和举行殿试的地方。保和殿面阔九间，49.68 米，进深五间，24.97 米，黄琉璃瓦重檐歇山顶。宝座前减去大柱 6 根，使殿内显得开敞宽阔。殿后向北的石阶中间的御路是故宫最大的一块云龙石雕，石长 16.57 米，宽 3.07 米，厚 1.7 米，重 20 余吨。

保和殿广场的正北为乾清门，是后寝（内廷）的正门，也是清朝皇帝"御门听政"之所。乾清门是面阔五间的大门，坐落在一层汉白玉须弥座上，门左右有八字琉璃照壁，门前有镏金铜缸、铜狮相对排列。乾清门的北侧庭院中有高起的甬道直达后寝的主体建筑后三宫：乾清宫、交泰殿、坤宁宫。后寝是皇帝日常居住与内廷办公的地方，后三宫均始建于永乐十八年（1420 年），清嘉庆三年（1798 年）重建。后三宫的格局与前朝的三大殿相似，但建筑体量较小而已，亦是共立于"工"字形台基之上，其中乾清宫、坤宁宫均为面阔九间，重檐庑殿顶，为内廷的正殿、正寝，交泰殿面阔三间，单檐攒尖顶。

此外，故宫内的重要建筑还有皇帝听学的文华殿、斋居的武英殿、嫔妃居住的东西六宫、乾隆帝居住的宁寿宫、皇太后居住的慈宁宫和皇帝办理政务的养心殿以及文渊阁、雨花阁等。宁寿宫西侧的乾隆花园，建筑分布错落有致，山石逶迤连绵，游廊曲折回转，也是故宫中著名的小型皇家园林。

故宫以北的今景山公园内还存有以寿皇殿为主体建筑的宫殿群。寿皇殿位于景山正北，始建于明永乐年间，初位于景山之东北隅，乾隆十六年（1751年）移建于今址，是供奉皇帝祖先神

寿皇殿

像的场所。

寿皇殿垣墙呈方形，坐北朝南，外有牌坊院，东、西、南三面各有四柱九楼木牌坊一座。垣墙南面正中辟牌坊形式的三座门，黄琉璃瓦庑殿顶，拱券式门，琉璃重昂斗拱，通面阔20米，通进深4.2米，两侧各有一黄琉璃筒瓦庑殿顶的旁门，琉璃单昂单翘斗拱。其内为寿皇门，黄琉璃筒瓦歇山顶，面阔五间，进深三间，重昂五踩斗拱，和玺彩画，四周绕以汉白玉石栏杆，八级踏步，中间有御路。门两旁有侧门，亦黄琉璃筒瓦庑殿顶。

寿皇殿在寿皇门正北，黄琉璃筒瓦重檐庑殿顶，上檐为重昂七踩斗拱，下檐为重昂五踩斗拱，和玺彩画，檐下明间有满汉文"寿皇殿"木匾额；殿面阔九间，进深三间，前后带廊，前有护栏围绕的月台，三面各有十二级踏步，中间有雕二龙戏珠的御路。殿有东西朵殿衍庆殿、绵禧殿，皆黄琉璃筒瓦歇山顶调大脊，面阔三间，进深一间，前后带廊，重昂五踩斗拱，旋子彩画，四周围以石护栏。殿前左右各有一碑亭，黄琉璃筒瓦重檐八角攒尖顶，上檐重昂七踩斗拱，下檐单昂五踩斗拱，四周有石护栏。寿皇殿东西配殿各五间，进深一间，黄琉璃筒瓦歇山顶，四周带廊。寿皇殿之东有一独立小院，名永思殿，原为明清帝后停灵处，坐北朝南，有永思门、永思殿及东西配殿等建筑。

除此以外，明清时期还在北京郊区修建一些行宫建筑，如昌平区沙河镇温榆河巩华城明代行宫、南苑槐房村西的清行宫新宫、大兴黄村东北15公里的清团河行宫、黄村以东10公里的清南红门行宫、海淀区清紫竹院行宫、香山行宫等。另外在圆明园、颐和园、静明园（玉泉山）等处亦有一些宫殿建筑，作为园囿的组成部分出现。但是，这些行宫大多数毁于1860年英法联军以及1900年八国联军入侵之后，现已无完整建筑保留，仅有少数遗存。

宫苑

宫苑，即皇家园林，大多数与宫殿或行宫结合在一起，设计精巧，施工精细，是中国园林精粹的重要组成部分。北京现存的宫苑多为明清时期所建。除了附建在宫城内的御花园、乾隆花园、慈宁花园、建福宫花园外，内城还有北海、中南海等著名宫苑，在城外，北京西山一带的"三山五园"最为著名。

御花园，位于坤宁宫北，原名宫后苑，坤宁宫南移后改称御

御花园

花园。御花园建于明永乐年间，东西长 130 米，南北宽 90 米，面积 11700 平方米。花园四面有门，南为坤宁门，通后三宫；北为顺贞门，门外即为宫城北门神武门；东西二门，分别通往东西六宫。园景大致分为三路，其中主要建筑有面阔五间的重檐盝顶式钦安殿、位于御花园正中的天一门，其余 20 多座大小不一的建筑，东西对称，左右铺开，结构精巧多样。御花园的建筑在造型上有凹有凸，体量上有高有低，对称而不呆板，是现存皇家园林的重要范例。

北海，位于故宫西北，南接中南海，北连什刹海，是中国保存时间最久、规模宏伟、布置精美的古代园林杰作之一。11 世纪，辽代曾在此修建瑶屿行宫，金代在此开挖池塘，蓄水成湖，堆土砌石为岛，取名琼华岛，并建广寒殿等建筑。元代，此处被括入皇宫大内。明清时期，北海与中海、南海统称西海子，列为皇家禁地。1900 年，八国联军入侵北京后，北海建筑遭受严重破坏，1902 年再度修复。1915

北海

年，北海被辟为公园。1961年，北海、团城被公布为全国重点文物保护单位。

北海全园面积现约为68公顷，其中水面面积约占39公顷。其主要建筑多集中在琼华岛和北海沿岸的东、南、北三个方向，全园布局以琼华岛为主体，以白塔为中心，各景点既各具特色，又与全园风格和谐一致。

琼华岛，位于太液池中，因山顶有清顺治八年（1651年）建造的白塔，故又名白塔山，山高32.8米，面积近千亩。琼华岛山南以永安寺为主。永安寺与白塔同时建造，初名白塔寺，乾隆八年（1743年）重修时改为今名。寺坐北朝南，倚山而建，层层升起。主要建筑依次有山门、钟鼓楼、法轮殿、正觉殿、普安殿、琉璃善因殿等。白塔位于山顶，始建于顺治八年（1651年），雍正、乾隆年间曾进行重修。塔为尼泊尔式覆钵喇嘛塔，塔身通体白色，全部砖砌，塔座为方形，每边宽18.2米，塔通高为40米。

在白塔山西腰部，有悦心殿、庆霄楼等建筑，为皇帝"理事引见"观赏风景及八旗北海冰嬉的地方。自悦心殿而下，又有琳光殿、阅古楼等一组建筑。阅古楼建

阅古楼内景

于乾隆十八年（1753年），造型别致，坐东朝西，筒瓦重楼大式做法，朝西侧为半圆形，面阔十二间，上下各25间，左右环抱，为半月形，额枋内苏式彩画。楼梯作螺旋形，楼上下墙壁间镶嵌石刻三希堂法帖共495方，书法、刻法均极精妙，是我国历代书法的重要汇编。白塔山的东侧山腰间有智珠殿、半月楼等建筑。

北海东岸主要建筑有冰窖、濠濮间、画舫斋、蚕坛等。北海北岸的主要建筑有阐福寺、西天梵境、万佛楼、小西天、澄观堂、静心斋等。静心斋，初名镜清斋，乾隆二十二年（1757年）重修，为清王子读书之所，为北海园中之园。西天梵境，占地约4.7公顷，其门前牌坊及山门均为仿木琉璃砖瓦结构，正殿为大慈真如殿，全部为楠木所建，黑琉璃筒瓦黄剪边重檐四坡顶，面阔五间，内供三尊5米高的大铜佛。五龙亭，清顺治年间改建，是帝王钓鱼和观看焰火的地方。万佛楼，乾隆三十五年（1770年）乾隆帝为其母孝圣皇太后八十寿诞而建。楼内有木质佛龛一万个，装有一万个金质无量佛，1900年八国联军侵入北京，金佛全部被掳走。

团城位于北海公园南门外西侧、琼华岛之南，由永安桥与岛相连。团城原来为太液池中小岛，历朝都在此有所兴建，今天保留的为清康熙、乾隆年间重修的圆形高台状，不复为原先小岛。现团城周长276米，高4.6米，面积约5800平方米。城有二门，东为昭景，西为衍祥，入门有蹬道，蹬道上出口处各有形制相同的罩门一座，黄琉璃筒瓦绿剪边单檐庑殿顶，面阔一间，进深一间。城上建筑循中轴线布置，中央位置为主殿承光殿，殿平面呈十字形，中间为边长14.5米、面阔三间的方形黄琉璃筒瓦绿剪边重檐歇山式大殿，殿四面正中出黄琉璃筒瓦绿剪边单檐卷棚顶抱厦一间，形似故宫角楼。殿内供奉白玉坐佛像一座，用整块玉石雕成，高1.5米。殿南有玉瓮亭，内置元代渎山大玉海。殿北有敬跻堂，平面成半圆形，阔十五间，黄琉璃筒瓦绿剪边单檐歇山顶，廊带坐凳栏杆。殿东有古籁堂、朵云亭，西有余清斋、沁香亭、镜澜亭，可登临观看园中风景。

渎山大玉海

中南海是中海、南海的合称，位于故宫西侧、北海南侧，其中中海与南海以蜈蚣桥为界，中海与北海以金鳌玉蝀桥为界。明代初年，此处曾是燕王朱棣的王府，到清代后期，慈禧太后在此听政和游乐。民国初年，袁世凯据此为总统府，1929年一度辟为公园。

中南海

中南海瀛台

中南海占地约 100 公顷，其中水面近半，园内现存建筑主要是清代遗物。宝月楼，又称明楼，今名新华门，位于南海最南端，西长安街北侧。黄琉璃筒瓦顶重楼重檐，面阔七间，建于乾隆年间，民国初年改建为中南海南门，称新华门。瀛台是位于南海中的半岛，东、南、西三面临水，是清皇室游幸的避暑胜地，也是康熙、乾隆、光绪等朝理朝听政之所。瀛台的主体建筑有勤政殿、翔鸾阁、涵元殿和香扆殿等。勤政殿位于岛的最北端，建于清代，为光绪帝与慈禧太后听政之所。民国时，袁世凯改建为西式礼堂，作为接见外宾之处。翔鸾阁在勤政殿之南，是瀛台的正门。涵元殿在翔鸾阁南，坐北朝南，1898 年戊戌变法失败后，光绪帝即被囚禁于此。勤政殿西有丰泽园，原为皇帝行演耕礼的地方，园西有荷风蕙露亭，园内的菊香书屋，原名西八所，毛泽东曾居住于此。南海西岸有怀仁堂，原名仪銮殿，殿为八国联军所毁坏，慈禧太后回京后又在其废墟上建佛照楼，民国后改现名。紫光阁位于中海西北岸，明代称为平台，台高数丈，上建黄顶小殿，是明武宗观龙舟、看骑射的地方，其后改为此名，清朝沿用至今。乾隆帝为炫耀武功，重修紫光阁，并在殿内悬挂功臣图像，并刻御制诗。此外，中海的东北岸还有蕉园、万善殿、水云榭等建筑，其中万善殿为明朝遗物，水云榭立有乾隆御笔"太液秋风"石碣，为旧"燕京八景"之一。

颐和园位于海淀区西山东麓，距北京城约15公里，是我国现存最完整和规模最大的皇家园林。金、元、明三代皇室，都曾在此有所建筑。乾隆十五年（1750年）开始改建为清漪园，历时15年完工。1860年，被英法联军焚毁。光绪十四年（1888年）

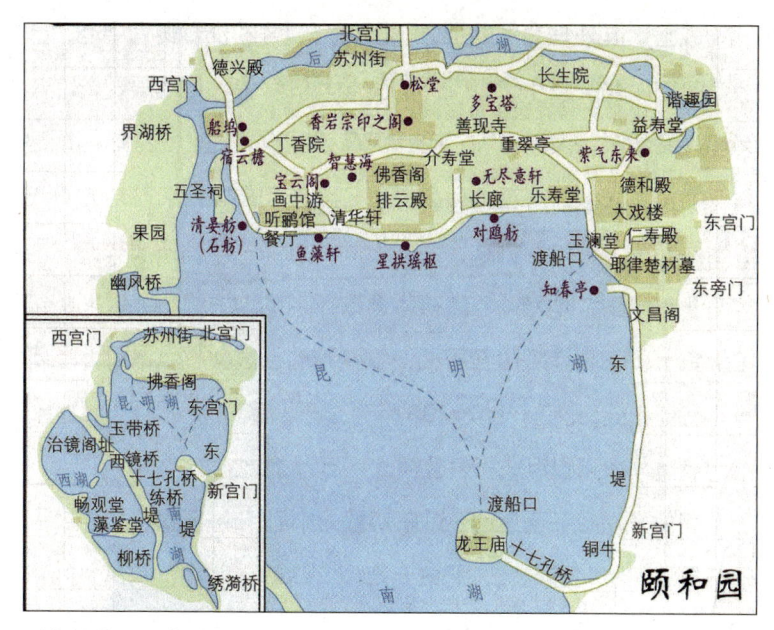

颐和园平面示意图

重建，光绪二十二年（1896年）完工，更名为颐和园。1900年，又遭八国联军破坏，1902年修复。1912年，溥仪退位后，颐和园被划为溥仪私产。1914年，曾作为皇室私产售票开放。1924年北京政变后，正式开辟为公园。1961年，颐和园被公布为全国重点文物保护单位。1998年被列入世界文化遗产名录。世界文化遗产委员会的评语写道："其亭台、长廊、殿堂、庙宇和小桥等人工景观与自然山峦和开阔的湖面相互和谐地融为一体，具有极高的审美价值，堪称中国风景园林设计中的杰作。"

颐和园主要由万寿山和昆明湖组成，占地290公顷，其中水面约占四分之三。全园有各种形式和类型的宫殿、寺庙、园林建筑3000余间，按功能可分为政务、居住、游览三大区域。

政务区是处理政务的地方，以东宫门内的仁寿殿为中心，包括殿前的南北配殿和仁寿门外的南北九卿房等。仁寿殿，乾隆年间称为勤政殿，为清帝与王公大臣商议国政之处。光绪年间重建后改名，是光绪、慈禧太后会见王公大臣和外国使节的地方。正殿坐西朝东，歇山卷棚顶，面阔七间，进深三间，四周有廊。殿内两侧有暖阁，是光绪、慈禧朝会时休息的地方。政务区的建筑庄重威严，院中点缀山石松柏，复建花台，园林气氛浓重。仁寿殿北有德和园，光绪十七年（1891年）建于清漪园怡麦堂旧址之上，由大戏楼与颐乐殿组成，是慈禧太后看戏的地方。

居住区在政务区之西，以乐寿堂为中心，由玉澜堂、宜芸馆、乐寿堂等三组院落组成，北依万寿山，南临昆明湖，院落之间由50多间游廊相连接。乐寿堂始建于乾隆十五年（1751年），原

玉澜堂霞芬室内之高墙

为二层建筑，后被英法联军焚毁。现建筑为光绪时重建，为慈禧在颐和园的住所。乐寿堂的门厅称为"水木自亲"，紧靠昆明湖，门外有一石造雕栏码头，是慈禧由水路到颐和园下船的地方。正殿乐寿堂为歇山卷棚顶,面阔七间,前出轩五间,后出厦三间,平面呈"亚"字形。殿前有东西配房各五间，院中还点缀有名为"青芝岫"的巨大山石。玉澜堂位于仁寿殿西南，始建于乾隆十五年（1750年），光绪十八年（1892年）重建，是光绪皇帝居住的地方。正殿是玉澜堂，硬山箍头脊，面阔五间，前出轩三间，后出厦，轩为悬山箍头脊。戊戌变法失败后，玉澜堂成为光绪的囚身之地，慈禧命人在玉澜堂内筑起高墙，将玉澜堂封闭起来。为园中重要历史遗迹之一。

游览区由万寿山前山、后山和昆明湖组成，是全园的精华所在。万寿山，金代名金山，元代称瓮山，位于昆明湖北，高58.59米，东西宽约1000米，是颐和园建筑最密集的区域。万寿山的前山以佛香阁为中心，形成一条南北中轴线。这条中轴线从湖边山下的"云辉玉宇"牌楼起层层上升，向北依山排列着排云门、二宫门、排云殿、德辉殿、佛香阁，直至山顶的智慧海。万寿山前山中轴线东侧布置有写秋轩、千峰彩翠、意迟云在、重翠亭、转轮藏、"万寿山昆明湖"石碑、景福阁等景观建筑，中轴线西侧则有宝云阁、画中游、听鹂馆、云松巢、邵窝、湖山真意等建筑，东西山麓有扬仁风、清晏舫等建筑。依山就势，与中路的佛香阁等建筑相互呼应。万寿山与昆明湖之间有一条沿湖的长廊，形成山与湖的中界线，并将前山的建筑串接起来，有如一条穿连若干珠宝的精美项链。长廊始建于乾隆年间，光绪时重建。现长廊为大式卷棚顶，东起邀月门，西到石丈亭，共273间，长728米。

万寿山前山

万寿山后山，原先建筑多为寺庙，建筑成群，后皆被英法联军焚毁。现存建筑为光绪朝重建的眺远斋、香岩宗印之阁、多宝琉璃塔和寅辉城关等。万寿山的东麓、颐和园的东北角有谐趣园，原名惠山园，乾隆十六年（1751年）仿照无锡寄畅园而建，嘉庆十六年（1811年）重建时改名，后被英法联军焚毁。光绪时重建，为慈禧观鱼垂钓之所。

昆明湖的湖中及东西堤亦有不少建筑。东堤上的廓如亭，始建于乾隆年间，重檐八角攒尖顶，俗称八方亭，面积130多平方米，由内外三圈共24根圆柱和16根方柱支撑，枋檩均以旋子彩画装饰，整座建筑造型舒展稳重，气势雄浑壮观，是已知的中国最大的亭。昆明湖中有南湖岛，以十七孔桥与东堤相通，岛上还有涵虚堂、龙王庙、鉴远堂、澹会轩、月波楼、云香阁等建筑。

圆明园遗址位于海淀镇以北、颐和园东侧，为圆明、长春、万春三园的总称，占地约350公顷，其中水面约占二分之一，原有建筑约17万平方米，是清代三山五园中规模最大的一座。1979年，圆明园遗址被公布为北京市文物保护单位；1988年，又被列入全国重点文物保护单位。圆明园原为明代故园，雍正三年（1725年）起大加扩建，增修殿堂楼阁，造景28处，面积达200公顷。乾隆继位后，按原规划格局充实已有景区，增建新景区，至乾隆九年（1744年），圆明园中景点达40处。乾隆十四年（1749年），圆明园东部的长春园开始修建。长春园以大水面为主题，利用岛、堤等不同分割方式，使水面处理得聚散有致。园北的狭长地带内有一组欧式宫苑，包括六幢欧洲文艺复兴后期的西式建筑、一些"水法"（喷泉）、欧式庭院及园林小品，是中国皇家园林中首次出现的欧式建筑。乾隆三十七年（1772年）建绮春园（后改名万春园），系由原有的小园林包括皇室成员去世后缴回的赐园加以改造而成的小型水景园。嘉庆十四年（1809年）又收西路几个赐园，合景30处。至此历时百余年，三园基本建成。圆明园三园平面呈倒"品"字形，其间有门相通，园内建筑繁多，规模宏伟，汇江南名胜之特点，集造园艺术之精华，被誉为"万园之园"。它不仅是一座大型的皇家园林，而且是清朝几代皇帝避喧听政之所，因此在布局上体现出"前宫后苑"

的格局，如圆明园在园南起宫殿，为宫廷区的"外朝"，前湖北岸为"内寝"。此外，园内除了有大量精美建筑以外，还收藏了大量珍罕物品、文物和图书，是一座综合性的皇家博物馆。但1860年英法联军侵华战争中，圆明园大部分建筑被焚毁。同治十二年（1873年）冬，曾加以重修，又因财政匮乏很快停工。1900年，八国联军侵华，圆明园也受到毁灭性打击，加之物品不断被盗卖，原本幸存的建筑与同治年间重修的建筑也荡然无存。现仅存正觉寺和长春园的部分石雕，正觉寺作为圆明园三园的唯一遗存建筑，只存山门、东西配殿、文殊亭等房20余间。

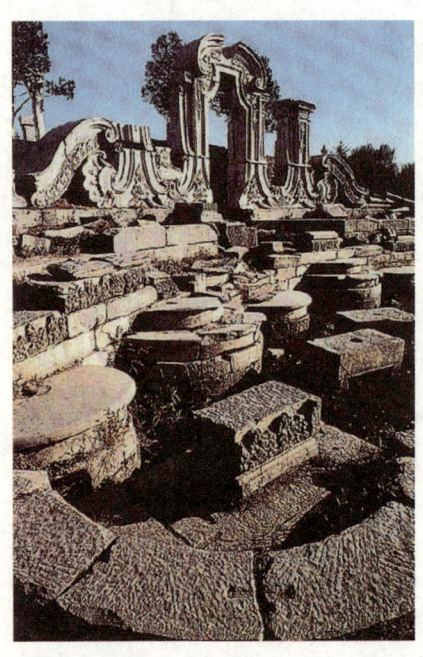

圆明园遗址

此外，位于颐和园西侧的静明园（玉泉山）、西山东麓的静宜园（香山）、南苑、团河行宫、紫竹院行宫等，也是景观众多的皇家园林，近代被毁后，后世陆续有所恢复。

坛庙陵墓

坛庙陵墓建筑，是中国古代强烈的礼制信仰以及"天人合一""慎终追远"等文化理念的重要载体，也是北京古代建筑中最具独特意境的建筑类型。辽南京皇宫中即设有御容殿，供奉祭祀已故的皇帝，金中都的各种礼制建筑渐趋完备，元明清三代则形成宏大而复杂的体系。

皇家坛庙

北京现存的皇家坛庙始建于明代，坛有社稷坛、天坛、地坛、先农坛、日坛、月坛等，庙有太庙、历代帝王庙、孔庙等。

社稷坛，为祭祀土地神、五谷神之所。始建于明永乐十九年（1421年），根据"左祖右社"的原则，兴建于宫城西侧。清因明制，仍以此为社稷坛。1914年辟为公园，时称中央公园。1928年，更名为中山公园。1957年，公布为北京市文物保护单位；1988年，公布为全国重点文物保护单位。

中山公园全园俯视平面为一南北稍长的不规则长方形，南部东西宽345.5米，北部东西宽375米，南北长470米，总面积约为24公顷。园内主体建筑有社稷坛、拜殿、戟门等，还有一些辅助建筑如宰牲亭、神库和神厨等。辟为公园后,又陆续迁建和增建了一些风景建筑和纪念建筑,如唐花坞、投壶亭、春明馆、绘影楼、习礼亭、长廊及"保卫和平"牌坊等。

社稷坛位于园中心偏北,为园中最主要建筑。社稷坛分三层方台,总高1米,每侧中间均有汉白玉台阶四级。坛中按东青、西白、南红、北黑、中黄铺五色土,坛中央有"社主石",又名"江山石"石柱一方,长0.51米,埋入土中,上稍露微锐末端。坛周围建有壝墙,对应坛土,分别氅覆青、红、白、黑的琉璃砖瓦正中各有一座汉白玉棂星门。

拜殿位于社稷坛之北,坐北朝南,建于永乐年间,原只是在风雨时供帝王在殿内面向南边的坛台设供行礼,平时不用,故名。整座殿坐落于0.9米高的汉白玉台基之上,为大型木结构建筑。殿面阔五间,进深三间,黄琉璃瓦庑殿顶。1925年,孙中山在北京逝世后,曾停灵于此,1928年改名"中山堂"。拜殿之北为

社稷坛与拜殿

戟门，明代称为具服殿，黄琉璃瓦歇山顶，面阔五间，进深三间，建于汉白玉台基之上。

在社稷坛外西南，有神厨和神库，为制作祭品和存放祭器的地方。内坛墙西门外靠南侧有宰牲亭，明清时为祭前宰杀牺牲的场所。

天坛位于天桥南大街和永定门大街东侧，是"圜丘"和"祈谷"二坛的总称，为明清皇帝祭天、祈祷五谷丰收和求雨的场所。

天坛鸟瞰

天坛建于明永乐十八年（1420年），清乾隆年间，再次改建和扩建。近代以后，天坛遭受了英法联军和八国联军的两次严重破坏，清光绪年间祈年殿又毁于雷击（后修复）。1913年，天坛开放供外国人参观，1918年后一度开放为公园。1961年，公布为全国重点文物保护单位。1998年，被列入世界文化遗产名录。

天坛占地约273公顷，是中国现存面积最大的古代祭祀性建筑群。天坛有内坛墙和外坛墙两重，根据"天圆地方"的原则，内外墙的北沿均为弧圆状以象征天，南墙则与东西墙成直角相交象征地，故又称"天地墙"。外坛墙周长为6553米，南北墙距1657米，东西墙距1703米。原只西边有门两座，北为"祈谷坛门"，南为"圜丘坛门"。内坛墙南北墙距1283米，东西墙距1025米，周长4152米，内坛总面积约130万平方米。

天坛的整体建筑并非以中轴线对称的布局设计，内坛轴线是圜丘、祈谷两坛的中心连线，在外坛的南北正中线偏东。天坛原本只能从西门出入，这种布局加大了进深，让视野变得开阔深邃，建筑显得更加雄伟。

圜丘坛，又称祭天台，是天坛的主要建筑，为皇帝行祭天大礼之所。此坛创建于明嘉靖九年（1530年），当时为狭小的三层蓝色琉璃台，间或采用一些汉白玉。乾隆十四年（1749年）扩建时，将坛面扩大，并改用房山产艾叶青石铺垫，栏杆、栏板亦全部改用汉白玉雕砌。坛圆形以象天，南向，分为三层，每层四面出阶九级。上层坛面中央为一块圆形石板名太极石，外面铺扇面状弧形石块九圈，最内一圈为九块，第九圈为八十一块，第二、三层坛面也按此方法排列。每层坛面四周的栏杆、栏板数量也是九或九的倍数,寓意天有九重。

圜丘坛之东有神厨、神库、宰牲亭等建筑,用以存放祭器、乐器和准备制造祭品等。此外,坛东南有一绿琉璃砖砌燔柴炉,其前复有铁燎炉8座,东西内壝墙门内各2座,计12座,用于烧柏木、祭文、祝帛、牺牲及松柏枝、松花、松塔等物;西南有望灯台三间,上建长杆,高悬灯笼为祭祀照明。

圜丘北有皇穹宇,为放置圜丘昊天上帝神牌之所。初建于嘉靖九年(1530年),名泰神殿,后改今名,为一重檐圆顶绿琉璃瓦的殿堂。现建筑为乾隆十七年(1752年)改建后的形式,为单檐圆形亭子式殿堂。殿高19.2米,直径15.6米,单檐蓝琉璃筒瓦,攒尖顶,黄铜贴真金叶九层镏金宝顶,汉白玉石台基,四周有石护栏,东、西、南三面各有台阶14级,其门楼、围墙顶

天坛皇穹宇

及大殿墙身均为蓝琉璃砖瓦砌盖而成。皇穹宇两侧各有方形配殿五间，亦为收藏祭祀神位之所。皇穹宇及配殿为一圆形围墙所共围，墙高 3.72 米，周长 193 米，内侧墙面平整光滑，声音可沿内弧传递，俗称"回音壁"。

祈谷坛，在内坛北部、皇穹宇以北，平面呈圆形，三层，通高 5.56 米。各层坛面周围均有白石护栏，栏板数亦均为 108 块，护栏以下是须弥座式的坛座，护栏的望柱下面都有排水嘴。祈年殿建于祈谷坛上层坛面正中，为天坛的主体建筑，是明清帝王祈祷五谷丰登之所。明朝时，大殿的三层檐三色瓦，从上至下依次为蓝、黄、绿，分别代表昊天、皇帝和庶民。乾隆十七年（1752年）整修时，将三层檐瓦都改为蓝色。殿南向，高 38 米，直径

天坛祈年殿

24.5 米，为蓝琉璃瓦圆攒尖顶的三重檐圆形大殿，屋檐逐层向上收缩，殿顶莲花座上冠有巨大铜制镏金圆宝顶。殿内四根"龙井柱"高 19.2 米，直径 1.2 米，代表四季。外围两排楹柱各 12 根，分别代表 12 个月和 12 个时辰，两者相加又代表二十四节气。祈年殿前方东西两侧各有配殿九间，面阔 44 米，进深 8.5 米，建于 1.5 米高的砖石台基之上，蓝琉璃筒瓦歇山顶，前出廊，明间正面及前廊南北两侧各有垂带踏跺九级。皇乾殿在祈年殿之北，为祈谷坛奉祀神位的供养所。

连接圜丘坛和祈谷坛的轴线，是一座长 360 米、宽 28 米、高 2.5 米的砖石台，称为"神道"，又称"海墁大道""丹陛桥"。在丹陛桥和东西天门相对的位置上，有一平面呈曲尺形、拱券顶的隧道穿过台基，是将祭祀用的牺牲赶往宰牲亭的通道，故称之"鬼门关"。丹陛桥东侧，接近祈谷坛有一座桥有甬道相通的凸出平台，名具服台，台面外侧有白石护栏，望柱头雕云龙图纹，为供皇帝祭祀更衣的明代具服殿旧址。

祈谷坛壝墙东门外，有曲尺形走廊 72 间，为连檐通脊式暖房，北面砌砖，南设门窗，俗称"七十二连房"。长廊东端有宰牲亭，中部北面有神库、神厨。此外，天坛内尚有斋宫和神乐署等建筑。

地坛位于安定门外，为明清两代皇帝祭祀皇地祇神的场所。地坛原名方泽坛，始建于嘉靖九年（1530 年），嘉靖十三年（1534 年）改名为地坛。清代沿袭明制，并多次对地坛进行重修。民国年间一度作为公园，后又改作他用。1957 年，又恢复为公园，以后陆续有所修葺、兴建。1986 年，被公布为北京市文物保护

地坛俯瞰

单位。2006年,被公布为全国重点文物保护单位。

地坛由内坛和外坛组成,其中心建筑是祭台,附属建筑是为祭祀活动服务的皇祇室、斋宫、宰牲亭、钟楼等。祭台为方形,象征地,北向,为汉白玉砌成的上下两层方台。祭台上层边长20.35米,高1.28米,下层边长35米,高1.05米,每层四面均有8级台阶。台面以方石铺砌,上层中心按纵横各6块排列,共36块方石,四周用较小的方石围绕,36块大石向外砌出8圈,最外圈92块,加上当中的36块大石,上层坛面共有石548块。下层则从上层坛四周各砌出8圈,共用石1024块。石块均以偶数排列,体现了古代"天为阳,地为阴"的观念。祭台左右设五岳、五镇、五陵山石座,凿成山形;坛北左右设四海、四渎,石座凿成水形,所有石座皆为东西排列。环坛为一宽约2米、长167米、深约3米的水池,名为方泽,供祭祀时贮水。坛外有墙墙两重,黄琉璃筒瓦通脊墙顶，墙四面各有白石棂星门一座，北门为三门四柱，其余各门均为单门二柱。北门外东有望灯杆，西有燎炉以及埋祭物毛血的瘗坎等。

日坛，又名朝日坛，位于朝阳门外东南、日坛路东，为明清两代皇帝每年春分时节祭祀大明之神（太阳）的场所。日坛始建于嘉靖九年（1530年），坛内的殿堂建筑于天启六年（1626年）二月落成，后世多有修葺。20世纪50年代，日坛被辟为公园，面积比原来扩大4倍，原日坛被包围在中心，一些古建筑也被修葺。1984年，被公布为北京市文物保护单位。2006年，被公布为全国重点文物保护单位。

坛外墙为正方形，北坛门内稍西有具服殿，是皇帝祭祀时更衣和休息的地方。具服殿正殿三间，左右配殿各三间，有宫墙围绕，

日坛

南边有宫门三间。北坛门内稍东原有钟楼，因坍塌而拆除。钟楼往东为神库、神厨各三间，神厨东北角有宰牲亭、井亭各一。神厨的正南方为日坛中心建筑"拜神坛"所在，坛为一层方台，西向，高 1.89 米，边长 16 米，四面出汉白玉石砌台阶各九级，坛面原铺砌红琉璃砖象征太阳，清代改砌方砖。坛周围有砖砌短墙，西有白石棂星门三座，东、南、北各一座。

月坛，又名夕月坛，位于南礼士路路西、月坛北街路南，是明清两代皇帝在秋分时节祭祀夜明之神（月亮）和上天诸星宿神祇的场所。月坛始建于嘉靖九年（1530 年），以后多次改建、修葺，1955 年辟为公园，面积 18 公顷，1984 年，被公布为北京市文物保护单位。2006 年，被公布为全国重点文物保护单位。坛为一层白石方台，高 1.47 米，边长 12.8 米，东向，四面有汉白玉石阶各六级。坛面明代砌白琉璃砖象征月亮，清代改为方砖。坛四周围有壝墙和棂星门，东边棂星门为三门六柱，其余为单门二柱，皆为汉白玉所制。祭台有祭器库、乐器库各三间，另有具服殿正殿三间及东西配殿各三间。祭台东北有钟楼一座，祭台壝墙南门外西侧为神厨、神库各三间，宰牲亭、井亭各一。

先农坛，又名山川坛，是明清两代皇帝祭祀先农、山川神祇、太岁诸神的场所，位于永定门内大街西侧，与天坛东西对峙。山川坛始建于永乐十八年（1420 年），嘉靖十一年（1532 年）将山川坛分设为天神和地祇二坛，另建太岁坛，先农坛则建于山川坛内，至清朝则将该处统称为先农坛，康熙和乾隆时均有所修葺和改建。先农坛全部建筑由内外两重围墙环绕，周围 3 公里，总面积约130公顷，围墙平面呈北圆南方之长形。清亡后，民国初年曾一度将其辟为城南公园，后来又将外坛墙拆除。20世纪30年代东北角改为体育场，北边成为市场和街道。50年代后，坛内部分建筑被占用，现已陆续迁出，相关建筑抢修保护亦已展开。1979年，公布为北京市文物保护单位。2001年，被公布为全国重点文物保护单位。

先农神坛，位于先农坛内坛墙内西北，坛坐北朝南，为一座砖石结构方形平台，长宽各为15米、高1.5米，四面各出八级台阶。正殿五间在坛正北，歇山顶三花墙，旋子彩画，殿内供奉先农牌位。神库、神厨分别位于正殿东西，均为筒瓦悬山顶，面阔五间，旋子彩画。神厨、神库之南东西相对各有井亭一座，筒瓦六角盝顶。周围有红墙环绕，南墙正中有牌楼门一座，装饰以单昂单翘斗拱。

先农坛东北有太岁坛又名太岁殿。永乐年间始建山川坛，设坛13座祭祀太岁、风雨雷电、四海、山川等神灵，嘉靖八年（1529年）曾设坛露祭，嘉靖十一年（1532年）在坛内现址修太岁殿，乾隆十九年（1754年）重修。院内正殿为太岁殿，坐北朝南，面阔七间，通宽52米，通进深24米，黑琉璃瓦绿剪边歇山顶。正殿前有东西庑殿，黑琉璃瓦绿剪边歇山顶，各面阔十一间。倒座南殿为拜殿，面阔七间，黑琉璃瓦绿剪边歇山顶，中为穿堂。民国年间太岁殿曾改为忠烈祠，祭祀黄花岗七十二烈士。太岁殿东为神仓，又称东院，为贮藏五谷祭品的处所，黑琉璃筒瓦绿剪边圆攒尖顶。神仓前有一收谷亭，四角攒尖顶，6.9米见方。

观耕台在太岁殿东南，明清时每年农历三月上亥日皇帝在祭

先农坛观耕台

祀完先农坛后,率百官在此行观耕礼。台始建于嘉靖年间,初为木结构,乾隆十九年(1754年)改为砖砌;台南向正方,边长16米,高1.5米,东、南、西三面各出阶八级,台为彩色琉璃瓦须弥座,面上铺砌方砖,并围以汉白玉石护栏;台北有具服殿,民国时曾改称"诵豳堂",绿琉璃筒瓦歇山顶,面阔五间,外有砖砌石条边月台。太岁殿正南还有神祇坛,始建于嘉靖年间,坛为红墙所围绕,中有坛两座;东为天神坛,方形南向,砖石结构,面积为17平方米,高1.5米,四周各有台阶九级;西为地祇坛,方形北向,砖石结构,面积33平方米,高1.5米,四周各有台阶六级。两坛旁分别还有4个和7个高约3米的白石龛,供奉其他诸神,各坛亦均有砖墙围绕并夹有白石雕刻的棂星门。

庆成宫位于先农坛内坛墙东门外,明代及清初称为斋宫,乾隆二十年（1755年）改名，是皇帝行礼之后犒劳随从百官和休息的地方，有正殿、配殿、寝殿等建筑，正殿面阔五间，绿琉璃瓦庑殿顶，通宽23.8米，通进深9.1米，单翘单昂五踩斗拱，和玺彩画，崇基石栏，前、左、右三面各出阶九级，殿前有月台，汉白玉石护栏围护，台上有日晷、时辰碑亭各一座。寝殿在正殿之北，面阔五间，绿琉璃筒瓦庑殿顶，和玺彩画，单昂三踩斗拱；寝殿前东西有配殿，绿琉璃筒瓦悬山卷棚顶，一斗三升斗拱。

太庙位于天安门之东，是明清两代皇室祭祀祖先的祖庙。太庙始建于明永乐十八年（1420年），嘉靖二十四年（1545年）重建，其后历朝又多有修葺。清因明制，供奉祖先神主于太庙，并于顺治五年（1648年）重修太庙。此后又进行过多次修缮、改建、添建，其中以乾隆年间的几次修建改动较大。清亡后，太庙仍归清室保管。1924年北京政变后，太庙由民国政府接管，曾作为公园和博物馆等使用。中华人民共和国成立后，太庙改为劳动人民文化宫供参观游览。1988年，被公布为全国重点文物保护单位。

太庙建筑平面呈南北向的长方形，总面积为14公顷。太庙内外共有三道围墙，均为琉璃瓦顶红墙身的高墙。最外一道围墙南北长475米，东西宽294米，墙上原仅西垣开三门，坐东朝西，与社稷坛三门遥遥相对，其余门均为民国时期所开。第一道围墙内为太庙外院，院东南角有一西向小院，为太庙牺牲所。院中有宰牲亭三间和治牲房五间，门楼及房舍皆为黄琉璃瓦歇山顶。第二道围墙平面亦呈长方形，南北长269米，东西宽205米。南墙居中有一组琉璃砖门，均为黄琉璃瓦庑殿顶，殿式做法，饰以琉璃檐椽斗拱；中间正门三座，各一间，拱券式门洞，两侧各一座旁门，一间，过梁式门洞。门内为七座单孔石桥，汉白玉石护栏，桥下原为干沟，乾隆二十五年（1760年）引金水河流过方成河；桥为东西排列，最外侧的两座桥北各有一黄琉璃瓦六角盝顶井亭。在院落的南端，东有神厨，西有神库，均为五开间黄琉璃瓦悬山顶房屋。石桥往北即为太庙正门戟门，也是第三道围墙的南门，面阔五间，正中三间为三座实踏大门，黄琉璃筒瓦庑殿顶，三层汉白玉石台基，四周有石护栏，当中有汉白玉石雕御路；东西旁门各一；戟门的屋顶曲线平缓，出檐较多，与一般清代建筑相比，具有明显的明代特点。戟门内的中轴线上布置前殿、中殿和后殿，前殿和中殿建在一个"土"字形汉白玉台基之上。前殿，又称大殿，是太庙存放众神主合祭祀即"祫祭"的祭场。殿为黄琉璃筒瓦重檐庑殿顶，殿式做法，面阔十一间，进深四间。殿基为汉白

太庙大殿

玉须弥座，共三层，俗称"三台"，殿前有月台，三层台基均有汉白玉护栏围绕，望柱头雕有龙凤纹，台基正中有三层汉白玉石雕御路，分别雕有不同图纹。大殿的东西两庑各有配殿十五间，黄琉璃瓦歇山顶；东配殿为供奉有功皇族神位之处，西配殿则供奉功臣神位。中殿在前殿之后，又称寝宫，清代在此供奉历代帝后神主之所。殿为黄琉璃筒瓦单檐庑殿顶，殿式做法，面阔九间；中殿东西两庑各五间，是贮藏祭器的地方。后殿与中殿形制相同，在第二层院内最北侧，是供奉皇帝远祖的场所，又称"祧庙"。

历代帝王庙位于阜成门内大街路北，是明清祭祀历代帝王和名臣的地方。庙始建于明嘉靖十年（1531年），清雍正七年（1729年）重修，乾隆二十九年（1764年）大修。民国以后，祀典废除，庙被改为学校。1979年，公布为北京市文物保护单位。1996年，被公布为全国重点文物保护单位。2000年，学校迁出，经过修葺后，以历代帝王庙博物馆对外开放。

历代帝王庙坐北朝南，建筑面积现存约4000平方米，其主要建筑有影壁、景德门、景德崇圣殿以及厢庑、神库、神厨、宰牲亭、钟楼、碑亭等。影壁在最南侧，与山门隔街相望，绿琉璃筒瓦硬山调大脊，东西长32.4米，宽1.35米，高约5.6米。庙门均为黑琉璃筒瓦绿剪边歇山顶调大脊，大门面阔三间，宽15.6米，进深9.5米，平身科为单昂三踩斗拱，两边有八字墙，下有汉白玉

历代帝王庙景德门

石阶，中有御路雕云山纹，大门两侧一开间旁门各一。钟楼在东侧旁门之北，黑琉璃筒瓦绿剪边歇山顶，重楼重檐调大脊，方形，每面阔三间，上檐下平身科为单昂三踩斗栱，下檐平身科为一斗二升交麻叶头斗栱，旋子彩画。大门正北为景德门，黑琉璃筒瓦绿剪边歇山顶调大脊，面阔五间，四周绕以汉白玉石护栏，前后三出陛，中为御路。门左右各有侧门一座，黑琉璃筒瓦绿剪边歇山顶调大脊。景德门正北为景德崇圣殿，是帝王庙的中心建筑，也是祭祀历代帝王的场所。殿坐北朝南，黄琉璃筒瓦重檐庑殿顶，面阔九间，通宽51米，通进深27.2米，和玺彩画。殿前有汉白玉石月台，东、西、南三面有石护栏，南面三出陛，东西各一出陛。月台两侧各有碑亭一座，黄琉璃筒瓦重檐歇山顶调大脊，方形，每面阔三间，和玺彩画。大殿前有东西配殿各七间，黑琉璃筒瓦绿剪边歇山顶调大脊，井口天花，旋子彩画，为从祀历代功臣之所。除中路外，帝王庙尚有东西跨院，内有宰牲亭、神库、神厨等建筑。

　　堂子是满族原始宗教即萨满教的祭祀场所，内供天、地、星辰、释迦、观音、关帝及满族始祖诸神。祭堂子是满族最重要的宗教信仰和祭祀典礼，凡有重大的政治、军事行动，就在庙内举行祭祀、誓师。清兵入关后，在长安左门外御河桥东，即台基厂大街北口路西一带建堂子。光绪二十七年（1901年），因堂子地处使

堂子旧照

馆区范围内，被迫移建于南河沿南口路北，今北京饭店贵宾楼处。

堂子的主要建筑有祭神殿、圜殿及尚神殿。圜殿前有一个皇帝致祭时的神杆石座。圜殿为祭主神的地方，位于院落中心，平面八角形，四周廊，单檐八角攒尖顶，黄琉璃瓦米色油饰。民国以后，祭祀停止。1985年，因修建贵宾楼饭店，堂子被拆除。

此外，北海的先蚕坛是祭蚕神之所，现为幼儿园占用，建筑多有拆改。故宫的奉先殿、景山的寿皇殿也是供奉祭祀明清先皇的场所。

陵寝墓葬

明十三陵坐落在昌平区天寿山南麓，明代从永乐帝到崇祯帝共13个帝王营葬于此。陵区占地面积约120平方公里，其中平原面积约40平方公里，东、西、北三面群山环抱，南边蟒山（龙山）、虎峪山（虎山）东西对峙为天然门户，当中为盆地，朝宗河经此东去。陵区周围建有陵墙，设大小宫门两座和中山口、东山口、老君堂口等十几个关口，各处均建有敌楼，派有重兵把守。清入关后，仍派明朝皇室后代守陵。民国年间，诸陵殿宇多被拆毁，围墙也大都破坏殆尽。从1953年起，政府拨款陆续对长陵、景陵、永陵、定陵等进行修缮加固。其间，1955年对定陵地宫进行发掘，1959年将定陵建为博物馆对外展出。1957年，十三陵被公布为北京市文物保护单位。1961年，被公布为全国重点文物保护单位。2000年，作为明清皇家陵寝的一部分被列入世界文化遗产名录。

十三陵诸陵皆背依青山，明成祖朱棣的长陵位于天寿山主峰下，为陵墓群中心，其左有景、永、德三陵，右有献、庆、裕、茂、泰、康六陵，其西南有定、昭、思三陵，彼此间相距 1 公里左右。诸陵当中虽以长陵最大、思陵最小，但建筑布局却大同小异。各陵前都立有石碑，陵墓各有陵垣，中轴线上依次为陵门、祾恩门、

十三陵分布图

祾恩殿、棂星门、石五供、明楼、宝城，明楼上立有石碑刻皇帝的庙号与谥号，宝城中填黄土，下为帝后的葬所。除思陵外，每陵均有管陵太监、卫士用房和瓜果园。各陵在自成一独立个体的同时，又形成一个统一的整体。

陵区的总神路长约7公里，蜿蜒曲折通向各陵，将各陵结为整体，沿路还建有石牌坊、下马碑、大红门、大碑楼、石像生、棂星门、石桥等建筑。

石牌坊为十三陵神路的起点，是中国现存最大的古代牌坊。该石牌坊修建于明嘉靖十九年（1540年），五门六柱十一楼，高14米，宽29米，其上巨大的汉白玉石构件和精美的石雕工艺堪称一绝。牌坊北约1公里为大红门，单檐歇山顶，坐落于龙山、虎山间隆起的横脊上，是陵区的正门。入大红门内，在神路中轴

十三陵石牌坊

线上有大碑亭，又名大碑楼。碑楼建于宣德十年（1435年），方形，黄琉璃筒瓦重檐歇山顶，汉白玉台基，四面开门，楼四角矗立4个华表。碑楼内正中竖螭首龟趺"大明长陵神功圣德碑"，碑通高6米，正面刻明仁宗朱高炽于洪熙元年（1425年）为明成祖朱棣所作碑文，碑阴刻乾隆皇帝《哀明陵三十韵》诗，此碑为十三陵中唯一的刻字陵碑，其余陵碑则全部无字。碑亭往北神路两侧有石望柱二，柱为六角形，柱身装饰有卷云纹。再北为石像生，刻于宣德十年（1435年），计石兽二十四，狮、獬豸、骆驼、象、麒麟、马各四，均二立二卧；石人十二，武臣、文臣、勋臣各四。石像生北为汉白玉棂星门，又称"龙凤门"，并列分为三个门，以红色短墙相连，墙头铺黄琉璃瓦。过棂星门北0.5公里，有五孔、七孔石桥各两座，跨天寿山水，过桥上坡即为长陵。

长陵位于天寿山正峰之下，永乐七年（1409年）始建，永乐十一年（1413年）建成，葬朱棣及皇后徐氏，是十三陵中建造最早、规模最大、保存最完好的陵墓。长陵坐北朝南，整体布局前方后圆，共有三进院落。陵门至祾恩门为第一进院，陵门分三洞，黄琉璃瓦单檐歇山顶，左右连接墙垣。碑亭位于陵门内东侧，内竖驼龙碑一座，碑原无字，清重修十三陵时，以此碑刻顺治帝谕旨和乾隆皇帝的诗文。院内原有神厨、神库，现已不存。祾恩门至祾恩殿，为第二进院。祾恩门面阔五间，黄琉璃瓦单檐歇山顶，殿式做法，建于一层汉白玉台基之上，三出陛，有汉白玉护栏。门内即为祾恩殿，原名享殿，为举行祀典之所，嘉靖十七年（1538年）改名，为长陵主体建筑。殿建于宣德二年（1427年），

长陵

坐落于三层汉白玉台基之上,台基高3米,围以汉白玉护栏和望柱,殿前有月台三出陛。黄琉璃瓦重檐庑殿顶,面阔九间,进深五间,通宽66.75米,通进深29.26米,面积1956平方米,其规模仅次于紫禁城太和殿。大殿的木结构为国内罕见的全楠木结构,且全为清水做法。不仅梁柱用楠木,其椽檩、斗拱等构件也用楠木制成,计有楠木立柱60根,其中32根为金丝楠木,以中央4根最大，高 14.3 米，直径 1.17 米，直通天花板。殿前原有两庑配殿各十五间，现已不存。入殿后内红门即为第三进院，院内的主要建筑为方城明楼。明楼建于高约 15 米的砖砌方城台上，重檐歇山顶，方形四门，当中竖立石碑，镌刻"大明成祖文皇帝之陵"。台前有石供台，上置石五供。方城中有门，左右有蹬道，可上至明楼。明楼后为宝城，宝城直径 340 米，周长 1 公里许，上有垛口，形似砖砌城堡。

定陵位于天寿山西侧大峪山前，内葬明神宗朱翊钧及其两位皇后。定陵始建于万历十二年（1584 年），万历十八年（1590 年）完工，共耗费白银 800 万两。陵坐西北朝东南，占地面积约 18 公顷，布局与长陵大致相同，区别之处在于定陵陵墙之外加筑了罗城。定陵建筑现除明楼、宝城、重门尚存外，其他地面建筑多已不存。定陵的明楼全部为仿木石结构，方形四门，黄琉璃瓦重檐歇山顶，正中立"大明神宗显皇帝之陵"石碑。明楼之后为宝城，其下有地宫。地宫之外分别有隧道、金刚墙、隧道券。隧道券是隧道的最后一部分，也是宫外的第一室。墙壁以九层石条垒砌，上有砖券，高 7.3 米，其西壁紧邻地宫第一道大门。定陵地宫墓室凿成于宝城封土之下的山岩

定陵地宫内景

中，由前、中、后殿和左右配殿组成，各殿之间均设石券门相通，墓室为拱券顶，全部采用石结构，总面积1195平方米。墓室的前、中殿连接起来形成一个长方形的甬道，后殿则横在顶端。前、中殿由地面至券顶高7.2米，宽6米，总长58米，地面金砖铺地。中殿两侧有甬道，通往左右配殿。配殿形式如中殿，形制较小，寝宫石料起券，高7.1米，宽6米，长26米。后殿为地宫最高大宽敞的大殿，也是其主体建筑，高9.5米，宽9.1米，长30.1米，地墁磨光花斑石。殿内棺床正中放置神宗棺椁，左右为孝端、孝靖皇后的棺椁，周围陈置玉料、梅瓶及装满各种随葬品的红漆木箱32个。各殿之间的券门结构相同，用汉白玉雕成，屋顶形式，檐下有匾与椽联结，匾内无字。前、中、后殿的券门下是两扇汉白玉石大门，配殿则为青石大门，门皆高3.3米，宽1.7米，重约4吨。

　　景泰陵是明代宗朱祁钰的陵墓，在海淀区玉泉山北麓的金山口，距北京城约15公里。代宗在位时曾为自己营造了陵寝寿陵，1457年死后，复位的明英宗不承认其皇帝身份，不允许其葬入寿陵，以亲王礼将其葬于原本为埋葬夭殇诸王公主和妃嫔的金山口，寿陵后被改用作光宗的庆陵。成化十一年（1475年），明宪宗追复朱祁钰皇帝身份，并改谥号为"恭定景皇帝"，下令将其墓扩修为皇陵，在其墓建有享殿、神库、神厨、宰牲亭、内官房等建筑。嘉靖时，又改建了陵体，并将绿琉璃瓦换成黄色，使之符合皇陵规制，但规模仍是很小。清末以后，此陵变得残破不堪。后又逐步修复，并于1979年公布为北京市文物保护单位。2001

年被公布为全国重点文物保护单位,并被列入世界文化遗产明清皇陵之内。今陵前有黄琉璃瓦歇山顶碑亭,亭内有碑,碑南面刻乾隆帝题《明景帝陵文》,北面刻"大明恭俭康定景皇帝之陵",系乾隆三十四年(1769年)重立。碑亭后建有黄琉璃瓦硬山顶裬恩殿三间,其后为宝城。

景泰陵碑亭

除此以外,北京郊区还广泛分布着明代各类墓葬,如藩王公主、达官勋戚、妃嫔太监等。其中价值较大的有刘忠墓、夏儒墓、田义墓、李伟墓、李卓吾墓、袁崇焕墓等。清朝的皇陵虽不在今天的北京境内,但诸王公主的墓葬大多集中在京郊。据统计,北京共有此类园寝200余座,但已绝大多数被毁,仅有少数得以保存。目前,清代王爷园寝在北京有遗存的仅有36座。除了王爷公主园寝外,一些达官勋贵、宦官太监的墓葬也有不少遗存。清代保存较好的清代墓葬有怀柔红螺山下的范文程墓、德胜门外黑舍氏墓、朝阳区洼里乡图海墓、孚郡王墓、醇亲王墓、恩济庄太监墓群、荣禄墓等。位于西城区车公庄大街路南6号北京市委党校院内的利玛窦及明清以来外国传教士墓地,则安葬了利玛窦、汤若望等众多明清来华耶稣会传教士。

王公府邸

长期以来，北京始终是中国北方乃至全国的政治中心，曾有大量的王公贵族、达官勋戚居住在北京，并建有不少府邸巨宅。今北京城区始于元大都，辽金旧城虽与之有一隅重合，然已无王公府邸遗存可寻。元、明时期的此类建筑，王府等已无实物，仅留有一些与之相关的地名，大臣名士府邸也只有少量保存。保存较多的此类建筑，多系清朝所建。

王府与公主府邸

北京的王府建筑，现存者均为清代王府。清朝的王府建筑，遵循了严格的礼制标准，因此在形制上比较类似。清顺治九年（1652年）曾对王府府制进行了规定，如规定亲王府第基高十尺，外周围墙。正门广五间，启门三。正殿广七间，前墀周围石栏，左右翼楼各广九间。后殿广五间。寝室二重，各广五间。后楼一重，上下各广七间。自后殿至楼，左右皆列广庑。正门、殿、寝，均绿色琉璃瓦；后楼、翼楼、旁庑，均本色筒瓦。正殿上安鸱吻、压脊仙人以次凡七种，余屋用五种。凡正屋、正楼、门、柱，均用红青油饰。每门金钉六十有三。梁、栋贴金绘画五爪金龙及各色花草。正殿中设座，高八尺，广十有一尺，修九尺，座基高尺有五寸，朱髹彩绘五色云龙。座后屏三开，上绘金云龙，均五爪，雕刻龙首有禁。凡旁庑楼屋均丹楹朱户。其府库、仓廪、厨厩及祗候各执事房屋，随宜建置于左右，门、柱黑油，屋皆板瓦。另外对亲王世子、郡王等府制亦有规定。光绪朝的《大清会典》，又在历朝定制的基础上，作了更详细的规定。

有清一代建有众多王府，直到20世纪50年代尚有六七十处之多，并大抵保持原有格局。随着时间推移，许多王府建筑逐渐消失。据1995年统计，北京尚存王府19座，其中亲王府15座，郡王府4座，有8座仍大体保存旧貌。这些王府中，恭王府、醇亲王府、孚郡王府、克勤郡王府被列为国家重点文物保护单位，淳亲王府、顺承郡王府、礼亲王府、庆亲王府、郑亲王府、僧王府、恒亲王府、宁郡王府、循郡王府等被列为北京市文物保护单位。

恭王府位于西城区前海西街17号，左依什刹海，后靠后海，是北京现存最完整和最典型的清代王府和花园。恭王府原是和珅的宅第，和珅获罪后，被赐予庆亲王永璘，改称庆王府。咸丰元年（1851年），咸丰帝又将其赐予恭亲王奕䜣，遂改名恭王府。奕䜣受赐后，曾调集能工巧匠，对王府特别是花园进行改建或重建。民国年间，恭王府被抵押给西什库教堂，1932年由辅仁大学代偿抵押款，产权易手。中华人民共和国成立后，又归文化单位使用。其间，对王府建筑有所改建，但总体格局依然得以保持。1982年，恭王府被国务院公布为全国重点文物保护单位。文化部复于1984年成立恭王府修缮委员会负责修缮工作，经过全面修缮后，以"恭王府博物馆"开放。

恭王府的建筑，可分为府邸和花园两部分。府邸部分占地3.1公顷，分为中、东、西三路，各由多进四合院组成，后面环抱着50间长160米的通脊二层后罩楼。恭王府尚存正门两重，南向，大门三开间，门前有石狮一对，二门面阔五间，均在中路轴线上。二门内的正殿、配殿曾被拆除，近年来复建。其后为后殿及东西配殿，后殿面阔五间，悬"嘉乐堂"匾额，现尚在。东路前院正厅为"多福轩"，后院正厅名"乐道堂"；西路前院正厅为"葆光室"，后院正厅为"锡晋斋"；"锡晋斋"七开间，带抱厦，室内有雕饰精美的楠木碧纱橱、槛窗等豪华装饰以及鼓墩式覆莲柱础，为和珅仿故宫宁寿宫而建。三路院落后的罩楼东名瞻霁楼，西曰宝约楼，楼前檐出廊，后檐墙上每间上下各开一窗，下为长方窗，上为形式各异的什锦窗，窗口砖雕精细。罩楼楼梯原为木制假山形，现已不存。罩楼之后是后花园，名萃锦园，占地2.6公顷。园内建筑也约略分为中、东、西三路，散置叠石假山、曲廊亭榭、池塘花木，融江南园林艺术与北京建筑风格于一体，汇西洋建筑与中国古典建筑于一园，成为当时百余座王府花

恭王府花园大门

园之冠。花园正门为西洋式石雕花拱券门，门内左右为青石假山，迎面有一名"独乐峰"的太湖石，是园中第一景。石后有池形如蝙蝠，旧名"福河"。池后为五开间的正厅名安善堂，东西有配房。堂后有方形水池，池后有假山，山上有歇山顶小厅，厅两侧有爬山廊通向东西游廊。中轴最后是"养云精舍"五间，两侧各接出曲折形的耳房，如蝙蝠之两翼，得名"福殿"。花园东路有流杯亭和东西房若干，院子后部有大戏楼，为三卷勾连搭全封闭结构。西路最前面有一段城墙式的围墙，墙上辟有券洞额书"榆关"，入内有房若干，有水池一，池心有水座三间，名"诗画舫"。

庆亲王府在西城区定阜街 3 号，为晚清再封庆亲王奕劻的府邸。原庆王府让与奕䜣成为恭王府后，奕劻移居琦善府第。光绪十年（1884 年），奕劻晋庆郡王，遂在原宅的基础上改建王府。光绪二十年（1894 年），奕劻晋庆亲王，光绪三十四年（1908 年）更受赏世袭罔替，成为清朝第十二个也是最后一个"铁帽子王"。1940 年，府邸售予日伪华北行政委员会，抗战胜利后作为十一战区长官部、空军北平司令部使用。北平和平解放后，京津卫戍区司令部设立于此，至今仍为部队使用。庆亲王府南起定阜街，北至延年胡同，东起松树街，西至德胜门内大街，占地宽敞，建筑宏伟。王府中路建筑是主要殿堂所在，但其前部已被拆除，只余后寝一座。东部改建后，已难窥原貌。西部保持基本完整，有三组并排的院落，其间屋宇错落，亭堂廊厦，华丽精美。亭堂的原有匾额，至今犹存，如奕劻的居所"宜春堂"、书房"约斋"、客厅"契兰斋"等。最后一座二层楼，俗称绣楼或梳妆楼，形制新颖，独具风格。

醇亲王府又名摄政王府，在今后海北沿路北，为醇亲王奕𫍯的府邸。此处原为康熙朝大学士明珠府第，乾隆五十四年（1789年）赐成亲王永瑆为成亲王府，并按照王府规制进行大规模重建和改建。光绪十四年（1888年），醇亲王奕𫍯以其所居今太平湖东里的王府为光绪皇帝的"潜邸"，请求另赐新府居住。按清朝规定，皇帝出生处为"潜邸"，皇帝即位后不应再被他人居住，只能改作宫殿或庙宇。因此，清廷将成亲王府赐予奕𫍯作醇亲王府，还发帑币16万两供其改建。奕𫍯死后，载沣袭爵。载沣之子后为宣统帝，载沣被任命为监国摄政王，其府又改称摄政王府。此府在民国时期一直存在，保存较完整。解放后，又两次加以大规模修葺，使之成为保存最完好的王府之一。王府建筑分为王府和花园两部分。西部花园，解放后进行了整治，成为宋庆龄在北京的住所，1982年被公布为全国重点文物保护单位，同年对外开放。东部是王府本身，可分为中、东、西三路。中路大门面阔五间，正殿及左右配楼各面阔五间，后殿处是面阔三间的过厅，后寝面阔五间，为供奉神、佛和远祖的神殿，后罩楼面阔九间。东路建筑较少，主要是家祠和佛堂以及一些从属建筑。其东墙外的院落为王府马号，现为北京市第二聋哑学校校舍。西路为生活区，为两组院落并列，是体量较小的四合组合。主要建筑的最前列院的正厅名宝翰堂，是载沣的大书房，为载沣白天办事休息之处。其后的院落正厅为九思堂，是太妃的居处，再后是思谦堂，是王妃住所。另有供子弟读书的小书房任真堂及一些从属建筑。原来太平湖的醇亲王老府,在奕譞死后,前半部改为醇亲王祠,后半部仍为"潜龙邸"。现中路存府门三间、两侧的八字影壁、通东西院的两座门及两进四合院;东路院落保存较好,西路原建筑大都拆除。

孚郡王府在朝阳门内大街 137 号,西邻朝内北小街南口,为道光皇帝幼子奕譓孚郡王(后为亲王)府。此府最早是怡亲王新府,后怡亲王载垣在辛酉政变被夺爵赐死,其府邸亦被收回。同治三年(1864 年),奕譓分府,迁出皇宫居住于此。1927 年卖予奉军将领杨宇霆,1929 年起,改为北平大学女子文理学院,现被几个中央所属机关占用。1979 年,被公布为北京市文物保护单位。

孚郡王府占地面积颇广,自朝内大街向北直到东四三条路南。外垣街门原在朝内北小街,今之临街大门为民国年间所建。王府院中的建筑布局可以分为中、东、西三路。中路正门五间,门前有石狮一对,门内有甬道通向正殿。正殿面阔七间,前列丹墀,护以石栏;殿前左右各有配楼七间。后殿五间,后寝七间,东西均有配房。最后是后罩楼七间。正门、殿、寝均覆以绿琉璃瓦,脊镶脊兽,建筑格局整齐对称、起伏

孚郡王府正殿

错落。正院西侧，是几个四合院的组合，房屋体量适宜，为王府的生活起居区。原有建筑虽大多保留，但因院中塞建的房屋密集，很难感受其旧观。东路院原为府库、厨厩及执事侍从之房舍，已多数无存，原貌尽失。后罩楼两侧，各有一座独立的庭院，树木成荫，为读书养性之处。

顺承郡王府原在西城区赵登禹路，先为太平桥大街路西大麻线胡同，后为中国人民政治协商会议办公地址。王府始建于顺治年间，历10世15王直至晚清灭亡。张作霖入据北京时，作为大元帅府。后又强行买去，成为其私产。后又成为中国人民政治协商会议常设机构的办公地点。府邸原来的布局自外垣以内，可分中、东、西三路，中路为前殿后寝，东西两路则为生活居住区。中路主要建筑基本保存完整，只有正殿在张作霖占据时曾经进行翻修，旧貌稍改。东路前后数层院落依旧保持原有格局，只是西路经过大规模改建，已面目全非。1994年8月动工迁建于朝阳公园内，1998年完工。

克勤郡王府，又称衍禧郡王府、平郡王府，在西城区新文化街（原石驸马大街）西口路北。郡王府创建于顺治年间，以后不断传袭，直至清朝灭亡。民国年间，曾为熊希龄住宅，后赠予福利基金社，现为小学使用。原府占地不大，建筑物也不能和其他王府相比。今路南影壁尚存，府前部只存东翼楼，其他已拆除。后部的内门，后寝与东西配房后罩房均保存完整。西步跨院内的大部分建筑也大部分保存。

宁郡王府，在东单北极阁三条西口路北。为康熙帝十三子怡亲王允祥第四子宁郡王弘晈的府邸，雍正八年（1730年）分府。同治三年（1864年），弘晈四世孙载敦承袭怡亲王爵位，王府遂改名怡亲王府。现为中国青年艺术剧团使用，是东城区文物保护单位，其建筑基本保持完整。主要建筑有正殿、翼楼、后寝、后楼等，其规制与《乾隆京城全图》所绘一致，是北京为数不多的保留早期形制的王府建筑，也是北京现存王府最古老的一座。

公主府第至1995年，有迹可考者仅4处，为庄静公主府、寿庄固伦公主府、恪纯长公主府（位于今西单民族大世界）、寿恩固伦公主府（东城区内务部街11号），均为清代所建。

庄静公主府，民国时期称为棍贝子府，在西城区新街口东街路北、积水潭医院内，为嘉庆帝第四女庄静公主的府邸。此府原为固山贝子弘暻府，嘉庆年间赐予庄静公主，又称四公主府。该府规制本为王府，后大体延续旧制，至民国年间犹存。20世纪50年代改建积水潭医院，原有建筑大多无存，仅花厅等少数旧物尚存。

寿庄固伦公主府在西直门大街后半壁街，为道光帝第九女寿庄公主的府邸。该府原为康熙十四子允禵的恂郡王府，道光时改为寿庄公主府，又称九公主府。府北临西直门内大街，南止半壁街，东至南草厂，西至老虎庙（今半壁后街）。府内建筑多已拆除建楼，仅西南尚存一段府墙、石狮、太湖石等物。

大臣府第

北京现存最早的大臣府第起于明代，但为数不多，多数仍是属于清代。

杨继盛故居在西城区达智桥胡同12号松筠庵内，1984年被公布为北京市文物保护单位。杨继盛为明代著名谏臣，因弹劾权臣严嵩而遇害，其风骨广为后世称道。清乾隆年间，京都文士重修其故居松筠庵并改为祠堂，正门有石刻匾额"杨椒山先生故居"，正堂内有杨继盛的塑像，后殿悬

杨椒山祠

有"正气锄奸"的匾额。院内还有杨继盛起草弹劾严嵩奏折的书房"谏草堂"，堂内壁上有名家所刻杨继盛的名篇《请诛贼臣疏》。道光年间，有僧心泉在祠堂西南角建"谏草亭"。光绪二十一年（1895年），康有为等人在此发起"公车上书"。故居坐南朝北，为三进院落，南北长76米，东西宽32米，占地约2400平方米。现在祠堂基本格局及部分建筑仍在，院内原有假山、水池、回廊。"文化大革命"中祠堂受到严重破坏，杨椒山塑像及匾额被毁，花园、假山被平毁。今该地为民居，相关部门计划对其清理整治。

于谦故居在崇文门内裱褙胡同23号，为其主持北京保卫战时之居所。于谦卒后，万历二十三年（1595年）在其故居敕建

祠堂名于忠肃公祠，祠堂三间，中有于谦塑像。清顺治年间，像毁祠废，光绪时重建。重建时院内东侧建有奎光楼，为两层小楼，上层为魁星阁，悬有"热血千秋"匾额。正院正房五间为享堂，硬山合瓦顶，内供于谦塑像。1976年，魁星阁在地震中被毁，小楼亦被拆除。该祠现为民居，大部分建筑仍保存。1984年被公布为北京市文物保护单位。

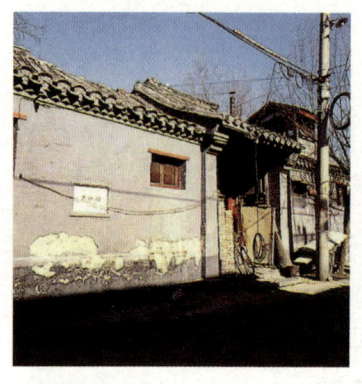

于谦故居

祖大寿府第在今西城区富国街（旧名祖家街）3号。此处先为祖大寿住宅，后改为祠堂，雍正八年（1730年）设八旗官学、正黄旗官学于此，乾隆三十四年（1769年）重修，后改设京师公立第三中学校，1995年公布为北京市文物保护单位。该祠坐北朝南，门外有上马石一对。祠门三间，硬山箍头脊筒瓦顶，排山勾滴，通面阔11米，进深7.5米。穿堂门一间阔3.9米，进深6.4米，硬山箍头脊筒瓦顶，东西两侧有合瓦房三间，通面阔10.3米，进深6米。前院北房为正厅，面阔五间，宽20.8米，

祖大寿故居

通进深 13 米，硬山箍头脊，排山勾滴。正厅两侧各有耳房一间，东西有配房各三间。过垂花门为后院，有后寝北房五间，形制与正厅大体相同，其两侧有耳房各两间，东西陪房各三间。西跨院有北房七间，阔 23.3 米，通进深 6 米，南房三间，耳房各一间，均为硬山箍头脊合瓦顶。原建格局仍基本保持，为典型的清代官僚住宅，现为北京市第三中学校舍。

洪承畴宅在东城区南锣鼓巷 59 号，宅大门原在方砖厂东口路北，门高敞雄伟，门前曾有铜狮一对。现院内房屋大部分改建，仅存北房三间，为清早期建筑，据传为洪氏祠堂。

兆惠府在西城区前井胡同 3 号。兆惠为乾隆时大臣，因平定伊犁回部有功被赐封为一等公定边将军。原府第占地甚广，现为民居。其前部已改建，原貌无存，只有后院尚存北房、东西配房，北房出廊仍保持原来面目，是现存完整的乾隆时期的建筑物。

明瑞府在东城区内务部街 11 号，1984 年，被公布为北京市文物保护单位。明瑞为乾隆时大臣，因随军平定伊犁回部有功，得到绘图形于紫光阁的荣誉，后因功晋封一等公世袭罔替。明瑞府为一组坐北朝南的大型宅院，临街有起脊大门两座。大门以内又分为四组院落，当中是两宅并立各自独立的正院，前面各有垂花门一座，内为各有厅堂的数进四合院。东西院为静室、书斋以及附属院落。整个院落之后为花园，占地较广。现前部有所改建，但大部分尚保持旧貌，后花园因添建、改建太多，已不复旧貌。

绵宜宅在东四四条 5 号，1986 年，宣布为东城区文物保护单位。绵宜为道光皇帝同辈宗室，曾官至尚书。其宅为一座三进四合院，大门一间，门内有影壁保存完整，过屏门，有四间倒座房，硬山合瓦清水脊。有垂花门通前院。正房三间为硬山合瓦清水脊，左右各带两间耳房，正房内部装修是清朝旧物，硬木落地隔扇。东西厢房各三间，也是硬山合瓦清水脊。后院为六间后罩房，硬山合瓦清水脊。原府尚包括东西跨院，现已不相通。

寺庙观堂

作为全国的宗教中心，佛教、道教、伊斯兰教、基督教等多种宗教在明清北京均得到不同程度的发展，形成功能互补、和谐并存的多元宗教文化。在多元宗教文化的影响下，明清宗教建筑也在前代的基础上得到进一步发展。

佛教寺庙

明代历朝皇帝大多崇奉佛教，并形成请人"代替出家"的典制，极大地刺激了北京佛教文化的繁荣。加之，权倾朝野的众多宦官，大量兴建各类寺庙，成为扶持北京佛教发展的重要力量。明朝北京的佛教发展迅速，除了对原有庙宇整修扩建以外，还大量新建寺庙，共建佛寺千余所，是其他各个时期所无法比拟的。清代，为加强蒙古地区和藏族地区的统治，在北京多处修建寺庙，供养蒙古和藏族喇嘛。

明清佛教寺庙建筑的布局大多为院落式，以殿堂为主体建筑。殿为供奉安置佛像以供礼拜祈祷的处所，堂是供僧众说法行道和日常起居的地方。寺庙一般为坐北朝南，亦有极少数坐东朝西或坐西朝东者，从山门起沿一条南北中轴线，由南向北每隔一定距离布置一座殿堂，依次为山门、天王殿、大雄宝殿、法堂或藏经楼等，周围围以廊屋或阁楼。寺院的主要生活区常集中于中轴线的东侧，接待来客的客房常设于中轴线西侧。

广济寺位于阜成门内大街25号，明天顺元年（1457年）兴建，成化二年（1466年）完工，名"弘慈广济寺"。在庙的基址上金代曾建有西刘村寺，元代建报恩洪济寺，皆毁于兵燹，殿宇无存。明万历十一年（1583年）、清康熙三十八年（1699年），又两次重建。民国年间，寺两次遭火灾，又两次重建。1953年，经过修复以后，被定为中国佛教协会会址。此后又两次进行全面修缮，使之得以保存古寺原貌。1984年，被公布为北京市文物保护单位。2006年，被公布为全国重点文物保护单位。

寺坐北朝南，占地2公顷许，中轴线上依次为山门、钟鼓楼、天王殿、大雄宝殿、观音殿、藏经阁，西院有持梵律殿、戒台、净业堂和云水堂，西院有法器库和延寿堂等。大雄宝殿是寺中正殿，面阔五间，黄琉璃瓦单檐歇山顶，殿脊正中有华藏世界海，俗称香水海，整体呈山形，由下往上依次为琉璃砖烧制的水纹、莲花、梵文等，殿脊为北京其他寺庙所无。殿内正中供三世佛，东西两侧供置于佛龛之内的铜制十八罗汉。殿前有月台，带汉白

广济寺大雄宝殿香水海

玉护栏，台前三出陛。寺院的西北隅，有一座建于清康熙十七年（1678年）用汉白玉砌成的戒坛，至今保存完好。

碧云寺位于海淀区四季青乡香山东麓，香山静宜园以北。寺始建于元至顺二年（1331年），相传为耶律楚材后裔耶律阿勒弥舍宅开山而建，始称碧云庵。明代宦官于经、魏忠贤先后在此营造生圹，对寺进行扩建，并改碧云庵为碧云寺。至清乾隆年间，除对原有殿宇重加修葺外，复于乾隆十三年（1748年）按西僧所贡奉的图样建金刚宝座塔，还新建行宫和罗汉堂。此次修葺对寺原有建筑改动不大，寺之殿宇仍因明之遗构。1925年，孙中山在北京逝世，曾以寺为停灵之所。1957年，列入北京市文物保护单位。2001年，被公布为全国重点文物保护单位。

寺坐西朝东，占地4000多平方米，依山而建，殿宇错落有致。中路共有六进院落，山门、弥勒殿、释迦牟尼殿、菩萨殿、中山堂、金刚宝座塔坐落于中轴线上，左右有配殿、厢房等建筑。寺南侧有罗汉堂，寺北侧有水泉院。山门殿，面阔三间，灰筒瓦歇山顶，檐下有斗拱，殿内原有一对泥塑金刚力士像，为明代珍品，后被毁。释迦牟尼殿，亦称丹青阁，为全寺之主殿。殿为明代建筑，面阔三间，灰瓦单檐方形庑殿顶，殿前有水池，池上有三座雕栏汉白玉石桥通往大殿。殿前露台上左右各有一高约8米的八角形汉白玉经幢，上刻经文。菩萨殿，面阔三间，灰琉璃瓦单檐歇山顶调大脊，前出廊。殿内原供奉有明代五尊泥彩塑菩萨像，两壁塑有高约1米的二十四诸天神和福禄寿喜四星，塑像四周有云山悬塑和小型佛教故事雕塑。原塑像已毁，现存彩塑为后来补塑。孙中山纪念堂，原为寺后殿，名普明妙觉殿，面阔五间，

碧云寺金刚宝座塔

前出廊，1925年3月12日孙中山先生逝世后在此殿停灵，1954年辟为中山纪念堂。塔院位于寺院最后，院内有金刚宝座塔，通高34.7米，是中国现存金刚宝座塔中最高者。塔座呈方形，四周环列石龛，龛内浮雕藏传佛教佛像，南面正中开拱券门。台面上矗立五座十三层密檐方塔、两座喇嘛塔和一小型金刚宝座塔，八个塔尖参差高耸，轮廓丰富。塔基正中开券洞，券墙上有金字"孙中山先生衣冠冢"。罗汉堂在中山纪念堂的右侧，系仿杭州净慈寺罗汉堂而建，平面呈"田"字形，每面九间，中间有四个小天井用以采光，堂的外貌似盝顶，堂中心建有重檐歇山十字脊的多角亭阁，中央矗立有小型喇嘛塔，堂正面出轩，其余三面各出抱厦一间。殿内有木雕贴金罗汉像500尊，加上佛、菩萨以及蹲于梁上的济公和尚等共计508尊雕像。寺北侧的水泉院，原为乾隆皇帝行宫的一部分，院内有山石泉水，亭台小桥点缀其间，颇具江南风光。

　　雍和宫位于雍和宫大街路东，是北京规模最大、保存最好的藏传佛教寺庙。雍和宫原址为明太监官房，康熙三十三年（1694年）始建，为雍亲王胤禛王府。雍正帝即位后，将其中的一半改为黄教上院，另一半作为行宫，后行宫为火所焚，遂于雍正三年（1725年）将上院改为行宫，称"雍和宫"。乾隆九年（1744年），雍和宫改作正式的藏传佛教寺庙，并成为清政府掌管全国藏传佛教事务的中心。1950年后，政府多次对其进行修葺，1957年公布为北京市文物保护单位，1961年公布为全国重点文物保护单位，1981年对外开放。

雍和宫全景

　　雍和宫坐北朝南，全部占地面积为6.6公顷，据1950年统计，共有房661间，其中佛殿238间。其建筑风格融汉、满、蒙等各民族建筑艺术于一体，非常独特。整座寺庙的建筑分东、中、西三路，中路由七进院落和五层殿堂组成中轴线，左右还有多种配殿和配楼。整个建筑布局院落从南向北渐次缩小，而殿宇则依次升高。中路建筑主要包括牌楼院、昭泰门、天王殿、雍和宫殿、永佑殿、法轮殿、万福阁等。牌楼院位于雍和宫最南部，大门坐东朝西，东、西、北各立一木牌坊，南侧有一黄、绿琉璃砖瓦的影壁。天王殿，又称雍和门，殿原为王府的宫门，殿面阔五间，黄琉璃筒瓦歇山顶，供布袋尊者和四大天王塑像。雍和宫殿，原为王府银安殿，现相当于一般寺庙的大雄宝殿。黄琉璃筒瓦歇山顶,面阔七间,前有月台,围以黄、绿、红琉璃砖花墙,明间上悬雕龙华带匾,中刻满、汉、蒙、藏四种文字所题"雍和宫"。殿前东西有配楼,东为温度孙殿(密宗殿),西为擦尼特殿(讲经殿),均为灰筒瓦重檐硬山顶重楼,面阔七间,后厦三间,上下层均出廊。永佑殿,原为王府正寝殿,后殿因供奉雍正帝影像而改名为"神御殿",行宫改建寺庙后改名。黄琉璃筒瓦歇山顶,面阔五间,前有三出陛台阶二层。殿内正中供有三尊高2.35米的白檀木雕佛像,殿前有东西配殿,分别为额椅殿(医学殿)和宁阿殿(数学殿)。法轮殿为举行法事的场所,建筑平面呈十字形,面阔七间,黄琉璃筒瓦歇山顶,前出轩后抱厦各五间,轩厦均为黄筒瓦歇山卷棚顶。殿顶四边各有一黄筒瓦悬山顶天窗,殿顶及天窗顶各建有一藏族风格的镏金宝塔。殿内正中供奉一尊高6.1米的黄教创始人宗喀巴大师的铜坐像,像背后有紫檀木雕成的五百罗汉山,东西壁还有以释迦牟尼为题材的壁画。戒台楼位于法轮殿西侧,系乾隆四十五年(1780年),乾隆帝为迎六世班禅进京为己祝寿、受戒而建;班禅楼位于法轮殿东侧,最初是供奉药师佛的法坛,称药师楼,六世班禅进京时以此处为住所,楼因之得名。两楼皆为黄筒瓦重楼歇山顶,上层九间有廊,下层二十五间,南面有三出陛台阶四层。法轮殿之北是万福阁,是雍和宫寺庙建筑群中北端最高的建筑。阁为黄琉璃筒瓦歇山顶,重檐重楼,高25米,上、中、下各层面阔、进深均为五间,前后三出陛,正中悬雕龙华带匾,上以满、汉、蒙、藏四种文字书"万福阁"。阁内供奉一地上18米、地下8米,总高26米的木雕迈达拉佛（弥勒站像），其主干由整棵白檀木雕刻而成。万福阁东西两侧分别为永康阁和延绥阁，中间以悬空阁道式飞廊相连通。绥成殿在万福阁北，是雍和宫中路最北端的建筑，黄琉璃筒瓦硬山顶，重檐重楼，上下均出廊，面阔七间，殿前有月台与万福阁相连。

除此之外，北京尚有许多著名的佛教寺庙，在全国具有相当大的影响，其中多数被列入全国和北京市的文物保护单位。位于雍和宫大街戏楼胡同1号的柏林寺，是明清北京八大寺庙之一。位于后海鸦儿胡同31号的广化寺，是北京市佛教协会和北京市佛教音乐团所在地。位于东城区禄米仓胡同东口路北的智化寺，寺中佛教音乐历史悠久，为中国最古老的佛教音乐之一。位于海淀区双榆树的觉生寺，因寺内珍藏有明代永乐大钟，俗称"大钟寺"，现为大钟寺古钟博物馆。海淀区白石桥五塔寺村24号的真觉寺（五塔寺）为印度佛陀伽耶精舍形式的佛塔，为明代建筑和石雕艺术的代表之作，也是中外文化结合的典范。位于高梁河（长河）广源闸西侧的万寿寺，集行宫、寺庙、园林于一体，有"京西小故宫"之誉。位于石景山区模式口翠微山南麓的法海寺，存有北京地区现存历史最悠久、保存最完整的壁画。现存著名寺庙还有西城区的护国寺金刚殿、福佑寺、报国寺，东城区的隆安寺、普度寺大殿、通教寺、嵩祝寺及智珠寺，海淀区的万寿寺、定慧寺、摩诃庵、西山八大处的长安寺及灵光寺等八处寺庙、旭华之阁，朝阳区的西黄寺，房山区的万佛堂、灵鹫禅寺，石景山区的慈善寺，密云白龙潭的龙泉寺，怀柔的红螺寺，等等。

法海寺壁画

道观

明代时，因太祖、成祖及世宗等崇信道教，使道教曾活跃一时。成祖又以"靖难之役"中真武大帝显灵，不仅在紫禁城北部修建钦安殿供奉"玄天上帝"，又于皇城之北建真武庙（现已无存），并将之列为"京师九庙"之首。世宗佞道，宠幸方士，建大高玄殿等观宇，带动了北京道教文化的发展。明代中后期，北京又逐渐兴起崇奉"泰山娘娘"的五顶信仰，在都城附近修建了五座碧霞元君庙。清代统治者比较重视佛教，道教相对受到冷落，但雍正年间依然修建了供奉风雨雷电的三座皇家道观。

大高玄殿位于西城区三座门大街23号，是明清两代尊奉"三

大高玄殿习礼亭与牌楼旧影

清"的皇家道观。殿始建于明嘉靖二十一年（1542年），嘉靖二十六年（1547年）毁于火，万历二十八年（1600）重修。清代因避康熙帝名讳，改名"大高元殿"，后又更名为"大高殿"。雍正、乾隆、嘉庆年间曾重修，后又有多次修葺。1900年八国联军侵华时受到严重破坏，后修复。民国年间，殿前部分建筑进行了拆除和改动。1956年，将两座牌楼、两座亭子、北上门和两边连房拆除。1957年,被公布为北京市文物保护单位。1996年,被公布为全国重点文物保护单位。殿原先被单位占用，现收归故宫博物院，计划修缮后对外开放。

殿坐北朝南，南北长264米，东西宽57米，占地面积近1.5公顷，现存古建筑约1600平方米，基本保持了原建风格。沿中轴由南往北依次为大高玄门、大高玄殿、九天万法雷坛、乾元阁等主体建筑，其左右布置有配殿、钟鼓楼及值房等建筑。殿前有两重琉璃门，均为并列的三座洞券门，护以石栏。琉璃门内有大高玄门，门面阔三间，中间有御路，通面阔 16.2 米，通进深 8.8 米，黄琉璃筒瓦歇山顶调大脊，五踩单昂斗拱。门内东西有钟鼓楼，均为方形平面，两层，黄琉璃瓦歇山顶，其内钟、鼓已失落。大高玄殿面阔七间，通面阔 34 米，通进深 16.5 米，黄琉璃瓦重檐庑殿顶，坐落于汉白玉石栏杆围绕的须弥座台基之上，前有月台，正面踏跺三出，中间有石雕御路。殿前有东西配殿各五间，均为绿琉璃瓦歇山顶，前出廊。九天万法雷坛，位于大殿之后，面阔五间，通面阔 15 米，通进深 10 米，单檐庑殿顶，绿琉璃瓦黄剪边，殿前有围以汉白玉石护栏的月台，中间有御路。殿东西有配房，各九开间，绿琉璃瓦歇山顶调大脊。大高玄殿最北的是一座两层楼阁，上层名"乾元阁"，为八根柱子构成圆攒尖顶，覆紫色琉璃瓦，亭立于平座上，周以围廊，有木质栏杆；下层名"坤贞宇"，方形，

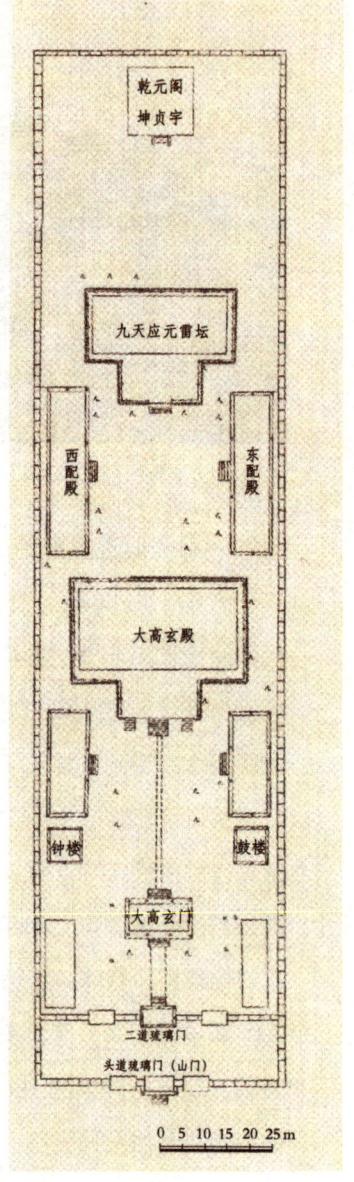

大高玄殿平面图

腰檐铺黄琉璃瓦，单翘单昂斗拱，井口天花，绘金龙；阁建于有汉白玉护栏的台基之上，正面中间有踏跺，石雕御路。

火德真君庙，俗称火神庙，位于西城区地安门外大街77号，1984年被公布为北京市文物保护单位。庙相传为元代所建，明万历三十八年（1610年）在元代庙址上改建，用琉璃瓦顶，并建重阁。乾隆二十四年（1759年）重修。庙坐北朝南，有门东向。东向山门内外各有一牌楼，门外还有旗杆等物。山门面阔三间，黄琉璃筒瓦绿剪边歇山顶，山门内有钟鼓楼。门内为前殿，称为灵官殿，殿面阔三间，灰筒瓦绿琉璃瓦剪边。二层殿面阔三间，勾连搭建筑，前为硬山箍头脊，后为歇山顶，蓝琉璃瓦绿剪边筒瓦顶。三层殿为二层，硬山调大脊，蓝琉璃瓦绿剪边筒瓦顶。四层殿为二层，名万寿景命宝阁，黄琉璃瓦硬山调大脊。东西配楼二层，硬山调大脊，灰筒瓦绿琉璃瓦剪边。殿后有亭，可眺望什刹海。

宣仁庙位于北池子大街2号和4号，雍正六年（1728年）敕建，祭祀风神，俗称风神庙。嘉庆九年（1804年），曾对庙进行重修。1984年，被公布为北京市文物保护单位。庙原为医院占用，现已腾退。庙坐北朝南，外垣门东向。主要建筑有影壁、山门、钟鼓楼、前殿、中殿、后殿等。影壁为琉璃砖所砌，绿琉璃瓦歇山顶调大脊，金边宝相花心，下有石须弥座。钟鼓楼为方形，黄琉璃筒瓦绿剪边，重檐歇山顶。山门三间，黄琉璃筒瓦歇山顶调大脊，檐下悬"敕建宣仁庙"石额，东西两侧有八字墙。前殿为祭祀风伯，面阔三间，通阔10米，通进深6.2米，旋子彩画。中殿，

宣仁庙外垣门

为庙之主体建筑，面阔三间，通阔14.4米，通进深11.8米，殿内盘龙井口天花，和玺彩画，正中梁上悬雍正帝御书"协和昭泰"匾额。后殿为祭祀八风神之所，面阔五间，通阔18.5米，进深8.5米，旋子彩画。各殿均为黄琉璃筒瓦绿剪边歇山顶调大脊。

宣仁庙与凝和庙（俗称云神庙）、昭显庙（俗称雷神庙），以及位于中南海紫光阁北面的时应宫（宫内供奉龙神，现已无存），合并为清代皇城祈雨庙。凝和庙、昭显庙，雍正七年（1729年）敕建，营建规制悉仿宣仁庙。凝和庙现存大殿及后殿等，昭显庙现仅存影壁及后殿。

此外，北京现存比较著名的道教宫观还有位于东城区的大慈延福宫、花市的火神庙、东晓市街的药王庙；西城区鼓楼西大街149号的关岳庙，新壁街的吕祖阁，复兴门内北顺城街13、15号的吕祖阁，白纸坊东街的三教寺，成贤街33号的都城隍庙，万寿公园的万寿西宫，琉璃厂东街29号的火神庙；顺义牛栏山的元圣宫；海淀区蓝靛厂的立马关帝庙、西顶庙，黑龙潭的龙王庙；朝阳区亚运村西的北顶娘娘庙、九天玄女娘娘庙、朝外大街的天仙宫；丰台区南苑的中顶庙、长辛店的火神庙；房山区黄山店乡的玉虚宫、大南峪的吕祖庙、官道乡的关帝庙、琉璃河乡的岫云观、瑞云寺；密云区古北口的吕祖阁、药王庙；通州区西南边乡的碧霞元君庙、伏魔大帝宫等。它们多数被列入北京市或各区县文物保护单位，陆续得到保护和修缮。

清真寺

明清时期，除了穆斯林自身的繁衍，各地穆斯林的迁入，为伊斯兰教发展创造了有利条件。在今宣武门牛街、东四、西四等地，形成穆斯林聚居区。《京师五城坊巷胡同集》所载白帽胡同、白回回胡同、金城坊胡同、水车胡同等，便与穆斯林的聚居有关。随着穆斯林人数的增加，所建清真寺逐渐增多。明代为加强对京师穆斯林事务的管理，设立四大官寺，即清真（东四清真寺）、礼拜（牛街礼拜寺）、普寿（锦什坊普寿寺）、法明（崇教坊法明寺）四座清真寺，由朝廷任命寺中首领。与中国佛教、道教等寺庙不同，各清真寺之大殿均坐西朝东，即从东门入殿，后墙窑殿所在西方，为朝伊斯兰教圣地麦加朝拜之意。各寺的主要建筑，一般包括大殿、邦克楼、浴室等。

东四清真寺位于东四南大街13号，始建于明正统十二年

（1447年），由明代后军都督同知陈友捐资创建。景泰元年（1450年）明代宗敕题"清真寺"门额，成化二十二年（1486年）添盖宣礼楼，以后各个时期均有不同程度的修缮、重建和添建。1952年，该寺成为北京伊斯兰教协会会址。1984年，被公布为北京市文物保护单位。1986年，北京伊斯兰教经学院在此成立。

寺坐西朝东，建筑分为前、中、后三进院落。寺大门原为面阔三间，灰筒瓦硬山顶，正吻垂兽，砖砌封火墙式建筑，毁于清末。现大门为王之臣等人于民国年间

东四清真寺大门

改建。大门内有砖砌西式厢房，南北分别为一小间和六大间。二门面阔五间，前后带廊，前廊部分用砖砌成西式门面，带砖券门，具有明显的"中西合璧"的特点。二门内有一小院，北有平房三间。过小院，有垂花门一，门南北有带漏明窗的走廊，此处原为邦克楼（宣礼楼）所在，楼为二层方形攒尖顶建筑，毁于光绪年间，其铜宝顶现仍存放于大殿前轩内，上铸阳文"成化丙午年造"字样。垂花门内的庭院当中主要建筑是礼拜殿，殿坐西朝东，面阔五间，灰筒瓦庑殿顶，前出轩，可供500余人同时做礼拜。殿前半部分为木结构，后半部窑殿为无梁式穹隆顶结构，三座拱门均刻有《古兰经》经文，殿内雕梁画栋，金碧辉煌。殿前轩南端

立有万历七年（1579年）《清真法明百字圣号》碑，碑阳用汉文记叙穆罕默德事迹，碑阴用汉、阿拉伯两种文字刻"理本无极"。院内南北各有配殿五间和配房三间，均前出廊，配殿与大殿仍保持明代建筑风格。南配殿里的资料室中保存了大量各种版本的《古兰经》，其中以元代手抄本最为珍贵。

花市清真寺位于东城区西花市大街路南，相传为明代开国元勋常遇春所建，明清两代经过大规模整修，使寺宏丽壮观、盛极一时。雍正七年（1729年），得赐雍正帝保护回族谕旨御碑一座，并建碑亭一座。此后，各个时期亦有不同程度的修缮，但在"文化大革命"中寺中建筑物遭到破坏。1981年至1984年，寺进行全面修缮后重新对外开放，并公布为区级文物保护单位。

寺内的主要建筑有礼拜大殿、碑亭、敬古堂、沐浴室、寻月台、经房和住房等，现寻月台已拆除，其余建筑基本保存完好。礼拜大殿是全寺最主要的建筑，殿坐西朝东，面阔三间，进深四间，面积500多平方米，前有敞厅三间，屋顶由三个勾连搭组成，第四层殿顶开六角亭式天窗。整个大殿结构严谨，风格古朴。礼拜殿正前方有一方形重檐歇山顶碑亭，原置雍正御赐碑，现碑已迁出。

清真普寿寺位于阜成门内锦什坊街63号，始建年代不详，明正统十四年（1449年）、正德四年（1509年）、万历年间、天启年间、崇祯八年（1635年）以及清代均有重建、扩建或修缮。1982年进行全面修葺，公布为西城区文物保护单位，现为西城区伊斯兰教协会所在地和穆斯林活动的宗教场所。

寺坐西朝东，大门三座，中间大门面阔4.8米，进深3.5米，石砌，歇山顶，门额上书"敕赐普寿寺"。二道门为垂花门，门南北各有房五间，南房为沐浴室，北房为讲堂。大殿为四破五两进式，十八间，前出轩三间，后带抱厦，殿不设窑殿，在后墙上开一圣龛以代，宣讲台在圣龛左侧。寺内尚有历代碑刻四块，原有邦克楼、茔地等现已无存。

此外，北京比较著名的清真寺还有东城区东直门外清真寺、西城区德胜门外的清真法源寺和三里河中巷的清真永寿寺、寿刘胡同的清真女寺、朝阳区长营村清真寺、密云古北口河西村的古北口清真寺等，大多被公布为文物保护单位，得到较好的保护和修缮。

基督教教堂

北京地区在元代已有天主教传播，后中断。明代中后期，以利玛窦为代表的西方天主教也传入北京，并掀起第一次中西文化交流的高潮。早在明末利玛窦到达北京，四年后即在宣武门购得房产，建起北京城内第一座教堂，是为南堂。清代，西方传教士又建立了东堂、北堂和西堂。雍正年间，禁止传教士传教后，兴建教堂活动终止，直到1860年后再度开始。

南堂位于前门西大街141号，是北京现存最古老的天主教堂。堂始建于明万历十三年（1605年），由利玛窦创建。清顺治七年（1650年），由汤若望在旧址改建大堂，名"无玷始胎圣母

1900年以前的南堂

堂",同时还在附近建有司铎住宅和天文台、藏书室、仪器室等建筑。其后,因建北堂,此堂改称南堂,顺治十四年(1657年),顺治帝为南堂题写"通玄佳境"匾额。康熙、乾隆年间,堂数遭火灾,由清朝廷出资资助重修。道光年间,因传教士偷运鸦片,曾于道光十八年(1838年)将堂查封没收,并将两旁宅院拆卖。第二次鸦片战争后,由法国传教士于咸丰十年(1860年)索回。1900年,北京义和团攻入并焚毁南堂,1904年又由清政府出资修复,现存教堂即为当时修建。中华人民共和国成立后,政府几次拨款修葺。1958年起,堂成为北京主教座堂,直至今日。"文化大革命"期间,南堂于1966年被砸,但大堂建筑基本完整。1972年,恢复宗教活动,1978年对外开放。1979年,公布为北京市文物保护单位。1996年，公布为全国重点文物保护单位。

堂现名"圣母无染原罪堂"，建筑面积约1300平方米，附属建筑面积约400平方米。大堂为哥特式拱券形建筑，高15米，长40米，正面砖雕花纹精美，门窗均镶嵌彩色玻璃，西墙上有高约4米的铁十字架，系明代旧堂遗物。堂内为拱形顶，柱顶有木雕镏金花纹，四周有装饰五彩玻璃的大窗，堂内还有圣母像和耶稣受难组画，堂内设有祭台和讲经台，均有精美装饰。

东堂，又称王府井天主堂，位于东城区王府井大街74号，由葡萄牙传教士利类思与安文思始建于顺治十二年（1655年），当时规模不大。1720年，堂毁于地震，次年重修，重修后的东堂曾保存多幅清宫廷画家郎世宁所绘圣像。嘉庆十二年（1807年），东堂部分房屋被火破坏，大堂无损，清廷命东堂教士迁往南堂居住，将东堂没收并拆除，至咸丰十年（1860年）发还教会时仅存街门。东堂收回后，教会稍加修理，建平房数间以供祈祷。光绪十年（1884年），主教田类思募集巨款重

东堂

建精致雄伟的罗马式教堂，但在 1900 年义和团运动中被焚毁。1904 年，法国和爱尔兰两国用庚子赔款重建，即为现存教堂。"文化大革命"期间，东堂建筑受到一定的破坏。1980 年起东堂恢复了正常宗教活动，并对建筑进行了修缮。1982 年，公布为东城区文物保护单位。

东堂坐东朝西，总占地面积近 1 公顷。院内中间为天主堂，坐东朝西，坐落于青石台基之上，面阔约 25 米，进深约 60 米，共计约 30 间，平面呈拉丁十字架形。大堂正面开三个门，南北两侧有旁门，正门石柱上有楹联"庇民大德包中外，尚文宏勋冠古今"，横额为"惠我东方"，上有"1905"字样。堂体外墙厚实，窗户较小，门窗上部为半圆形拱环。堂顶上有三座圆拱形堡顶，上立有十字架，中间略大，两边略小。堂内有 18 根圆形砖柱支撑，柱径为 0.65 米，柱础为方形，两侧挂有许多内容为耶稣受难故事的油画。院内大堂原为教会办的惠我女校、施医院，南部西有教室，东院内有花池、楼房、平房数间，为神父住所。堂东为一大空地，是学校操场。大门北侧为音乐教室，南侧为传达室、办公室等。在东围墙外南侧，于 1904 年后盖了三间阴阳合瓦硬山清水脊顶房屋，作为巡捕房。原教堂学校改为王府井小学，神父院暂未恢复，巡捕房已于 1986 年拆除，现又拆除围墙，进行绿化，形成街边教堂前的广场。

西什库教堂，即北堂，位于西什库大街 33 号。堂原址在今中南海湖畔的蚕池口，系原辅政大臣苏克萨哈的旧府第，康熙四十二年（1693 年），赐予耶稣会传教士洪若翰、利应等，并允

西什库教堂

许其修建教堂。四年后教堂竣工,名"救世堂",康熙亲书匾额"万有真源",是为北堂前身。当时的教堂长25米,宽11米,高10米,室内无明柱,另外还建有天象台和图书馆等。道光七年(1827年),清廷下令没收,并被拆卖。咸丰十年(1860年),清廷又将该地发还教会。同治五年(1865年)北堂重新建成,长期成为天主教北京枢机主教公署所在地。该堂长50米,宽21.3米,高28米,比原来更高大。另外还建有博物馆,陈列珍稀鸟类标本800多种以及蝴蝶、动物等标本,故又称"百鸟堂"。光绪十二年(1886年)清廷对三海进行整修扩建,教堂被划入扩建范围之内,遂划拨45万两白银及西什库今址供教会另建新教堂。次年,新教堂落成,是为现在的北堂。1958年,北京主教座堂移至南堂。1984年,公布为北京市文物保护单位。1985年,教堂经修缮后,重新对外开放。

北堂为欧式建筑，坐北朝南，平面呈十字架形，建筑面积约2200平方米，高约31.4米，顶端由11座尖塔组成。大堂正中尖拱形大门，上方有圆形花窗，窗的上部有书"敕建天主堂　光绪十三年"的木匾。堂前有月台，三面有汉白玉石栏杆，堂正面上镶汉白玉石一方，镌刻耶稣善牧圣像。大堂正门两旁有中国式碑亭两座，黄琉璃瓦顶，红漆圆柱，斗拱飞檐，饰以中式彩绘，亭内分别立有天主堂迁建谕旨和满汉两种文字的天主堂碑。在教堂外面的门窗上部，均有汉白玉雕成的尖拱形花边作为装饰，窗上镶嵌五彩玻璃。堂内装饰十分考究，共有明柱36根、尖形拱肋48组，明柱高16.5米，柱顶俱镂菘菜叶形。堂内正面是耶稣主祭台，东西两侧为圣母玛利亚和圣父若瑟的祭台，皆为1985年重修。主祭台北边是苦难堂，苦难堂西墙上镶有樊国梁墓碑。大堂后边还有可容400人活动的唱经楼，楼上还存有大批西文书籍。北堂及所属建筑原占地面积相当大，当时有主教公署、修道院、育婴堂、图书馆、印刷厂、医院、光华女中以及神甫宿舍等，东到东夹道，西至西黄城根，南邻前门大街，北靠北京医科大学第一附属医院。现教堂周围建筑已改为学校、企业等。

西堂，即圣母圣心堂，位于西直门内大街路南，始建于雍正元年（1723年），由意大利传教士、音乐家百特里尼主持修建的。嘉庆十六年（1811年）教堂被毁，同治六年（1867年）重建。1900年，堂复毁于义和团运动，1912年由清政府重建，为天主教四大堂中规模最小的一座。堂高约6米，堂顶有尖形钟楼，四角亦有尖形建筑装饰，堂内供圣母玛利亚像。现堂顶上钟

西堂

楼已拆除,礼拜堂尚存。1994年,经修缮后重新开放。

东正教作为基督教的重要派别之一,曾在北京建立圣尼古拉教堂。圣尼古拉教堂,又称北馆、圣母安息堂、圣母安息修道院、罗刹庙等,坐落在东直门北大街西侧,今俄罗斯大使馆内,始建于康熙三十四年(1695年),1900年毁于义和团运动,后又重建。堂为典型的十字形东正教教堂,堂顶有五个带十字架的拱形堡,堂内装饰十分华丽;1956年,因在此处建造苏联大使馆将原教堂拆除。

民居会馆

明清北京,除了城垣宫阙、坛庙陵寝、园囿寺观以外,更多的是市井民居，它们是壮丽帝都的"背景"和"底色"。曲折幽深的街巷胡同，温馨美丽的四合院，星罗棋布的会馆，是北京城市居民与旅人的安居之所，也是北京建筑文化中最绚丽鲜活的组成部分。

胡同与四合院

元大都是中国古代唯一的按街巷制创建的新都城。在这个呈长方形的大都城里，以皇城为核心，几条笔直的大街交错在城中，被大街分割成的大块街区被称为坊，而百姓居住的大大小小、规规矩矩的院落也成排地安置在坊里。大街与坊中各处院落以胡同相通，形成以"街道—胡同—四合院"为体系的市井民居。北京的胡同与北京人的生活密切相关，北京人将家安在深深的胡同之中，他们的各种物质、精神的需要多数也在胡同中

宫门口三条胡同

得到了满足。胡同如毛细血管般充斥在北京城的各个角落，众多交错的胡同连接在一起，组成了宏伟的北京城，并使本无生命的城市充满了生机与活力，使那些生活在封闭院落里的人们得以交流。

明清北京城总体继承了元大都"街道—胡同—四合院"体系，但也有所变化。明清北京城的道路宽度标准逐渐被打破，不少自由生长的胡同已不再局限于元代的标准，甚至一些元代原有的街道也发生了改变。这种变化，在北京外城尤其突出。北京外城虽有正阳门与永定门之间的南北大街为中轴、广渠门与广安门间街道东西横贯，亦有宣武门外大街、崇文门外大街等骨架，但由于缺乏统一规划，加之历史因素、自然条件等作用，在外城形成了极不规则的道路系统。街道与胡同的长短宽度不一，走向各异，斜街众多，与内城富有规划感的街巷相比，其自发形成、自由生长的"有机感"十足。另外，在原来的胡同中间空地建院，也越来越多，它们也必赖小胡同为出入通道，这样在许多有名的大胡同中又产生了数量众多的小胡同。俗语有云："著名的胡同三千六，没名的胡同赛牛毛"。张清常曾根据《京师五城坊巷胡同集》进行统计：明代北京街巷总数 1170 条，其中胡同为 459 条，比元朝增加了近 3 倍。清代北京街巷又增加 900 条左右，总数达 2000 条左右，其中胡同有 960 多条。胡同数量的急剧增加，而北京城市的面积并没有多大增加，这就使原来还整齐划一的胡同，变得愈发五花八门，宽的敞亮，窄的幽深。前门外大栅栏地区的钱市胡同，是最窄的胡同，中间最窄处仅 40 厘米。北新桥附近有个九道湾胡同（现已分为五巷），一共拐了二十多个弯。

如果说北京城宛如一张美轮美奂的巨型棋盘，纵横交错的街巷胡同是棋盘线，那么一座座方正规矩的民居院落就是棋盘上精妙的棋子。这些院落中，四合院占了绝大多数，是明清北京民居建筑最常见的形式和最重要的组成部分。

四合院并非起源于北京，也不是北京所独有。早在西周时期，陕西周原就出现较为严谨的四合院式院落，明清时期中国绝大部分地区的民居都是院落式建筑。北京的四合院从元到明清，经过长时间的积累，以成熟的构造与深厚的历史文化底蕴，在中国传统住宅建筑中一枝独秀，具有无与伦比的典型性和代表性。

四合院，也称四合房，顾名思义，就是由东、西、南、北四面的房子合围成院子的住宅式样。院子的外墙除大门外，没有窗户或通道与胡同相连，东、西、南、北的房子相对独立互不相连，

北京四合院

院子宽敞，在院内可以种植花草树木。这种院子日照充足，防盗、防风、防沙效果突出，既能抵御北方寒冷的气候，又可以营造安静舒适的环境。

北京四合院由重重院落组成，在房屋类型上，可以分为一进院的基本型，二进、三进乃至五进院的纵向组合型，带跨院和几个院落的双向复合型，以及以王府为代表的最高复合型。但无论构造如何简单，抑或复杂，在平面布局方面，四合院具有一种简明的组织规律，即以"间"为单位构成单座建筑，再以单座建筑组成庭院，进而以庭院为单元称之为"进"，组成各种形式的组群，如三进院、五进院乃至王府、宫殿。庭院与组群的平面布局，大都采用均衡对称方式，"其布置必求严正均齐，最忌错综斜曲"。在设计方法上多以南北纵轴线为主、横轴线为辅，只有极少数建筑例外。满汉分城而居，对北京的住宅产生了重大影响。内城高大宽阔，豪宅众多，而外城则显得拥挤低矮。史料有云："内城房式异于外城，外城式近南方，宇庭湫隘，内城则院落广阔，屋宇高宏，门或三间或一间，巍峨华焕。"

四合院在建造设计时要依据"风水"之学。例如标准的四合院是坐北朝南，成南北长、东西短的矩形院落，而大门则开在宅院的东南角，这些就是八卦方位中常说的"坎宅巽门"。"坎"是正北，占水位，在此方位上建宅可避免火灾。"巽"是东南方向，占风位，于此处开门是讨个出入顺利、平安的彩头。四合院大门的样式根据主人的身份与经济条件差异而有所不同。按照清朝法律，一、二品官员的正门三间五架，三至五品官员正门三间三架，

广亮门 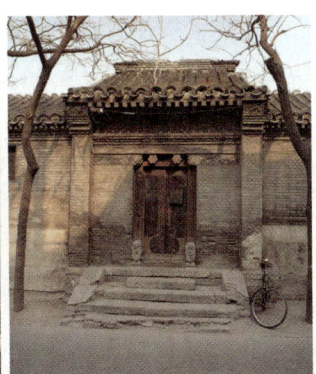　如意门 　　　　　　　　墙垣式门 　　　　　　西式门

金柱门 　　　　　　　蛮子门

六至九品官员正门一间三架，庶人大门一间，样式上也有限制。门的样式一般有广亮门、金柱门、蛮子门、如意门、墙垣式门等，晚清以后又出现了西式门楼，又称圆明园式门楼。其中广亮门、金柱门为官宦人家专用，蛮子门、如意门一般多为家道殷实人家采用，墙垣式门则多为平民大众使用，至于西式门楼则无特定限制。广亮门有较高的台基，门扉设在正脊之下，前檐有雀替、彩

画。金柱门与广亮门类似，但将门扉前移按在老檐柱（金柱）之下，深邃庄严稍逊。蛮子门、如意门则门扉设于前檐柱下，蛮子门的做法仍与广亮门类似，但如意门门扉左右及上部砌墙封闭，门框上方及两侧则视主人财力可以加繁简不等的砖雕花饰。墙垣式门，随墙安门，无房脊门柱，是大门中最低端的。一些讲究的四合院大门，在门外对面有带精美砖雕砖砌影壁，在山墙外侧还可加左右斜出的八字影壁，大门内正中则有带砖雕花饰或吉祥文字的照壁。

大门内第一进院子内北面正中一般建有垂花门，也称二门，建在四合院的主轴线上，是全宅中最为醒目的地方。垂花门一般都有三层或五层的青石台，一殿一卷式顶居多，前檐有垂莲柱和雕花木板，门内后檐有屏门四扇。垂花门内的院子两侧有厢房，

垂花门

考究的住宅往往从垂花门左右接出抄手游廊与厢房两侧的穿山游廊将整个院落的连接起来。游廊是开敞式的，有做工精细的栏杆和挂落，墙上有什锦灯窗，既可供人行走，又可供人休憩小坐，观赏院内景致。正房一般位于第二进或第三进院落的北面正中，是家中长辈的居所，东西两边厢房为子女晚辈所住，这其中以东厢房为尊，一般居住的是家中的长子、长媳，坐南朝北的房子称为倒座，是家中的客厅或书房。有些四合院正房之后还带后罩楼，两侧视需求设置厢房，以安置女眷。四合院房屋位置序列的安排，完全体现了中国古代人生道德伦理观念中的父慈子孝、夫唱妇随、事兄以悌、朋友以信的原则。

一般四合院都有绿化，在主院留出四块方形的土地不铺砖，用于养花与种树。宅院里多种西府海棠、临潼石榴、春桃枣树、丁香等，春可赏花，夏能纳凉，秋尝鲜果，很好地调剂生活。有的大中型以上的住宅还附有花园，一般设在住宅的侧面或后面。由于北京城内地势平坦，又不许住宅私自引用河水，因此大多曲折错落布置建筑物，辅以曲廊、花木、叠石来组织分割空间。

目前，北京还保留了一定数量明清时期的四合院，其中一些属于名人故居。

纪晓岚故居，在西城区珠市口西大街241号。据纪晓岚所著《阅微草堂笔记》记载，故居建于雍正年间，原为岳钟琪故第。内有"阅微草堂"，是一所两进四合院，其中有一船形屋，曾悬挂"岸舟"匾额；另有一间类似过厅的屋子，当年挂有"阅微草堂"匾，疑为纪氏书房，现尚存，还有纪晓岚当年所植海棠、藤花等旧物。现故居为晋阳饭庄,已公布为区文物保护单位。

龚自珍故居,在西城区手帕胡同 21 号,后门在复兴门内大街 20 号,是龚自珍在京居住时间较长的一地,现基本保持原状。该故居坐北朝南,有三进院落,另有东西跨院。前院有北房三间,两侧有耳房各两间,东西厢房各三间。

会馆

会馆是中国历史上城市公共建筑的一种,在首都尤为集中,为具有办公、聚会和居住等功能的建筑群,有些还可拥有剧场、宴会场所等。其规模大小不一,大的由 10 余个院子组成,如安徽的休宁会馆;小的会馆仅一座三合院、九间房,如江西吉安会馆。北京的会馆主要可分同乡会馆和行业会馆两类。同乡会馆为外地来京的同乡人提供聚会、联络和居住的处所,并为来京应试的同乡举子提供住宿和生活条件。建筑形式大致与大型住宅相似,往往在正厅或专辟一室为祠堂,供奉乡贤,正厅又作为同乡聚会饮宴之处,其余房屋供同乡借住;一些规模较大者,还设有学塾、戏楼等建筑。行业会馆则是商业和手工业行会会商和办事的处所,其建筑形式仍近似于住宅建筑,与同乡会馆略有不同,馆中多供奉行业祖师或神祇,有演戏酬神用的戏台;装饰比较讲究,多用繁复雕刻和金彩装饰。北京的会馆兴起于明代,当时多建于内城。清代以后,由于清政府实行满人居内城、汉人居外城的政令,明代建于内城的会馆均多废除或迁建、改建至外城,清乾隆、嘉庆年间是会馆发展最快的时期，到光绪年间，北京各省会馆达到500多所。20世纪50年代起，各省市在京会馆陆续移交市房管局，多改作民居、仓库、学校和办公之用。

福建汀州会馆位于前门外长巷二条，始建于明弘治年间（1488—1505年），是福建省在京同乡集资修建的，分南馆和北馆两部分，隔街相对。北馆先建，共有大小院落6个，房舍50多间。中院为主院，有五开间正房一座，原为会馆祠堂，供奉天后娘娘和会馆创建先辈的牌位。祠堂建筑考究，具有南方特点，梁柱门窗全部用江南优质杉木制成，屋顶起坡平缓，前廊后庑，廊内装修为一色的花格子卷帘雕花门窗，廊顶露明，雕刻出象鼻形椽子，桃尖梁上有双象形蜀柱，梁头镂雕天马、神牛等多种动物纹饰。整体建筑形制独特，雕刻精湛，彩绘色调淡雅，是北京罕见的福建风格民间古建筑。南馆建于乾隆年间，建筑不如北馆精美，规模亦小于北馆。会馆原存有匾额、石刻碑记、雕塑等文物，现已散失。1984年，北馆被公布为北京市文物保护单位。

临汾东馆位于东城区打磨厂120号，因馆内有

汀州会馆

乡贤祠，故又称临汾乡祠，为山西临汾的纸张、颜料、干果、烟行、杂货等五行商人创立于明代，清乾隆三十二年（1767年）重修。坐北朝南，共有两层院落，北房均面阔五间，东西配房三间，东过道壁上镶有乾隆年间"重修临汾东馆记"碑和光绪九年（1883年）"京师正阳门外打磨厂临汾乡祠公会碑记"。

晋翼会馆位于东城区小江胡同中部路东，因系山西翼城布行商人创立，又称"布商会馆"，始建于清雍正十一年（1733年），乾隆至嘉庆年间多次重修和扩建，光绪八年（1882年）重修，现为民居。馆坐西朝东，四进院落，大小房屋39间，有神殿、卷棚、大厅、罩棚、戏台、碑刻等，神殿面阔三间，进深三间，双进勾连搭卷棚硬山顶。

湖广会馆位于骡马市大街东口南侧，虎坊路3号和5号，原

湖广会馆

为在京湖南、湖北两省的同乡会馆。会馆始建于嘉庆十二年（1808年），当时规模较小，道光年间重修并添建一些建筑，咸丰年间陆续有所扩建，完成会馆的建筑规模，原占地面积达43000多平方米。原会馆大门东向，门嵌有精美的砖雕，馆内有戏楼、正厅、乡贤祠、文昌阁、宝善堂、楚畹堂等建筑，另附有花园，园内堆有假山，配以亭榭游廊。戏楼在会馆前部，有戏台一座，台前有戏池，北、东、西三面有上下两层的看楼。戏楼可同时容纳千人观戏，是北京会馆戏楼中的较大者，谭鑫培、余叔岩等京剧名宿均曾在此演出。会馆后半部建筑已于20世纪70年代展宽骡马市大街时拆除，现只存门楼、前部戏楼和一些附属裙房。1984年，会馆被公布为北京市文物保护单位，80年代经重新整修后，作为文化娱乐场所对社会开放。

中山会馆，原称香山会馆，位于西城区珠朝街5号，相传原为严嵩的花园别墅，清嘉庆年间成为香山会馆。光绪年间又继续展扩，后又由唐绍仪等人筹资扩建，形成现有建筑格局。会馆分前、中、后三大院，大院又被许多小院环抱。大门内为木影壁，影壁后为客厅，客厅四周有廊。另有魁星楼、戏台、假山、亭榭、水池、小石桥、什锦窗院墙等。院内种有藤萝、桃树、牡丹等花木，环境十分清幽。现会馆建筑大部分保留完好，1984年，公布为北京市文物保护单位。

安徽会馆位于西城区后孙公园胡同3号、25号、27号，始建于清同治七年（1868年）。会馆坐北朝南，原占地面积近9000平方米，房屋数百楹，分为三路套院与花园。中路为会馆正门，门前原有石狮作上马石之用，主要建筑包括花园、戏楼、魁星楼、文聚堂、神楼、碧玲珑馆、藤间吟室、奎光阁、思教等；东路约占会馆面积的一半，为五进四合院，每进院北房七间，东西厢房各三间；西路为三进四合院，规模略逊；馆北为花园，广数亩，有石桥流水、林木亭榭。现中路戏楼、后台等尚存，东路为小学校，已翻建，西路为民居。1984年，会馆的戏楼被公布为北京市文物保护单位。

湖南会馆位于西城区烂缦胡同101号，为光绪十三年（1887年）购民宅改建而成。会馆内原设戏台一、文昌阁一，东厅有望衡堂，西厅及中庭均宽敞，为集会之所。1920年2月至7月，毛泽东率领湖南驱逐军阀张敬尧代表团到京，即居住于此，并在此召开千人大会。会馆戏台已拆除，其余建筑尚存，1984年被公布为北京市文物保护单位，现为幼儿园。

此外，一些会馆的部分建筑如戏楼等，亦被列入北京市或区级文物保护单位，如位于东城区前门外小江胡同的阳平会馆戏楼、西城区正乙祠戏楼（原银号会馆

正乙祠戏楼

等。另有一些会馆因曾为名人故居，也被列入北京市或区级文物保护单位，如朱彝尊故居即在西城区海柏胡同的顺德会馆，康有为故居在西城区米市胡同43号的南海会馆，龚自珍故居在西城区上斜街50号的番禺会馆，谭嗣同故居在西城区北半截胡同41号的浏阳会馆等。

参考文献

（西汉）司马迁. 史记 [M]. 北京：中华书局，1998.

（元）脱脱，等. 辽史 [M]. 北京：中华书局，1974.

（元）脱脱，等. 金史 [M]. 北京：中华书局，1987.

（宋）叶隆礼. 契丹国志 [M]. 上海：上海古籍出版社，1985.

（宋）宇文懋昭. 大金国志. 北京：商务印书馆，1936.

（明）萧洵，等. 北平考·故宫遗录 [M]. 北京：北京古籍出版社，1983.

（明）姚广孝，等. 明实录 [M]. 台北：台北中央研究院历史语言研究所影印，1962.

（清）官修. 清世祖实录 [M]. 北京：中华书局，1986.

（清）官修. 清高宗实录 [M]. 北京：中华书局，1986年影印版.

（清）孙承泽. 春明梦余录. 文渊阁四库全书本；《天府广记》，清钞本.

参考文献 / 249

（清）于敏中.日下旧闻考 [M].北京：北京古籍出版社，1991.

（清）官修.大清会典则例.文渊阁四库全书本.

（清）张廷玉，等.明史 [M].北京：中华书局，1974.

（清）官修.清会典 [M].北京：中华书局，1991.

（清）官修.清会典事例 [M].北京：中华书局，1991.

（清）周家楣，缪荃孙，等.光绪顺天府志 [M].北京：北京古籍出版社，1987.

刘敦桢.中国古代建筑史 [M].北京：中国建筑工业出版社，1984.

（瑞典）奥斯伍尔德·喜仁龙.北京的城墙和城门 [M].许永全译.北京：北京燕山出版社，1985.

傅公钺.北京旧影 [M].北京：人民美术出版社，1989.

于杰，于光度.金中都 [M].北京：北京出版社，1989.

朱偰.北京宫阙图说 [M].北京：北京古籍出版社，1990.

劳永兴，丁守和.北京文化纵览 [M].北京：北京师范学院出版社，1990.

陈宗蕃.燕都丛考 [M].北京：北京古籍出版社，1991.

曹子西.北京通史（全十册）[M].北京：中国书店出版社，1994.

王同祯.老北京城 [M].北京：北京燕山出版社，1997.

北京大学历史系《北京史》编写组.北京史 [M].北京：北京出版社，1999.

朱祖希. 北京城——营国之最 [M]. 北京：中国城市出版社，1999.

侯仁之. 北京城市历史地理 [M]. 北京：北京燕山出版社，2000.

苏天钧. 北京考古集成（全十五卷）[M]. 北京：北京出版社，2000.

罗保平. 明清北京城 [M]. 北京：北京出版社，2000.

张先得. 明清北京城垣与城门 [M]. 北京：河北教育出版社，2003.

张复合. 北京近代建筑史 [M]. 北京：清华大学出版社，2004.

陈平，王世仁. 东华图志——北京东城史迹录（上、下册）[M]. 天津：天津古籍出版社，2005.

李燮平. 明代北京都城营建丛考 [M]. 北京：紫禁城出版社，2006.

杨宽. 中国古代都城制度史 [M]. 上海：上海人民出版社，2006.

于德源，富丽. 北京城市发展史（先秦－辽金卷）[M]. 北京：北京燕山出版社，2008.

王岗. 北京城市发展史（元代卷）[M]. 北京：北京燕山出版社，2008.

李宝臣. 北京城市发展史（明代卷）[M]. 北京：北京燕山出版社，2008.

吴建雍.北京城市发展史(清代卷)[M].北京：北京燕山出版社，2008.

袁熹.北京城市发展史(近代卷)[M].北京:北京燕山出版社，2008.

赵其昌.京华集[M].北京：文物出版社，2008.

郭黛姮.中国古代建筑史(第三卷)[M].北京：中国建筑工业出版社，2009.

潘谷西.中国古代建筑史(第四卷)[M].北京：中国建筑工业出版社，2009.

业祖润.北京民居[M].北京：中国建筑工业出版社，2009.

李路珂，等.北京古建筑地图(上中下)[M].北京：清华大学出版社，2009.

陈高华，史卫民.元代大都上都研究[M].北京：中国人民大学出版社，2010.

韩光辉.从幽燕都会到中华国都——北京城市嬗变[M].北京：商务印书馆，2011.

林传甲.大中华京兆地理志[M].北京：中国青年出版社，2012.

王南.古都北京[M].北京：清华大学出版社，2012.

侯仁之.北京历史地图集(政区城市卷)[M].北京：文津出版社，2013.

北京市古代建筑研究所.北京古建文化丛书:城垣[M].北京：北京美术摄影出版社，2014.

北京市古代建筑研究所.北京古建文化丛书：寺庙[M].北京：北京美术摄影出版社，2014.

孙冬虎，许辉.北京历史人文地理纲要[M].北京：中国社会科学出版社，2016.

（瑞典）喜仁龙.老北京皇城写真全图（上、下册）[M].沈弘，聂书江，编译.广州：广东人民出版社，2017.

后 记

  承蒙北京市方志办谭烈飞先生、北京出版社于虹老师及相关领导的不弃，将改编《北京古代建筑》的任务赐予，并在编写过程中提供了很多珍贵资料和宝贵意见，本人不胜感谢！本书是在《北京志·建筑志》《北京志·文物志》的基础上，结合相关成果进行改编，在此对为两部著作倾注大量心血的作者表示衷心感谢与深厚敬意。

  本书大量参考引用了前辈时贤的高文典册，除了在行文中部分注明之外，还有许多尚未一一列举，一些珍贵的图片源自网络甚至无法知道确切作者，在此本人心存感激，永志不忘。

  北京古代建筑种类繁多，数量众多，本人水平有限，限于篇幅与时间，难免挂一漏万。相关建筑的存废、结构、装修等亦屡有变化，书中难免有错误和遗漏之处，请广大读者、专家学者批评指正。

宋卫忠

2018 年 8 月